A-Z DEVON CORNWALL Regional Road Atlas

CONTENTS

Key to Map Pages............2-3
Road Maps........................4-35
Index to Towns and Villages.....36-42
Index to Places of Interest.........43-48

REFERENCE

MOTORWAY — M1
  Under Construction
  Proposed
MOTORWAY JUNCTIONS WITH NUMBERS — 4
  Unlimited interchange — 4
  Limited interchange — 8
MOTORWAY SERVICE AREA — FERRYBRIDGE
MAJOR ROAD SERVICE AREAS — LEEMING / GRASBY
  with 24 hour Facilities
PRIMARY ROUTE — A19
PRIMARY ROUTE DESTINATION — DOVER
DUAL CARRIAGEWAY (A & B Roads)
CLASS A ROAD — A614
CLASS B ROAD — B6422
MAJOR ROAD UNDER CONSTRUCTION
MAJOR ROAD PROPOSED
GRADIENT 1:5(20%) & STEEPER
  (Ascent in direction of arrow)
TOLL
MILEAGE BETWEEN MARKERS — 8
RAILWAY AND STATION
LEVEL CROSSING AND TUNNEL
RIVER OR CANAL
COUNTY BOUNDARY
BUILT UP AREA
VILLAGE OR HAMLET
WOODED AREA
SPOT HEIGHT IN FEET — •813
HEIGHT ABOVE SEA LEVEL 400' - 1,000'
  1,000' - 1,400'
  1,400' - 2,000'
  2,000' +
NATIONAL GRID REFERENCE (Kilometres) — 100

TOURIST INFORMATION

AIRPORT
AIRFIELD
HELIPORT
BATTLE SITE AND DATE — 1408
CASTLE (Open to Public)
CASTLE WITH GARDEN (Open to Public)
CATHEDRAL, ABBEY, FRIARY, PRIORY, CHURCH (Open to Public)
COUNTRY PARK
FERRY (Vehicular) _____ (Foot only)
GARDEN (Open to Public)
GOLF COURSE ___ 9 HOLE ___ 18 HOLE
HISTORIC BUILDING (Open to Public)
HISTORIC BUILDING WITH GARDEN (Open to Public)
HORSE RACECOURSE
INFORMATION CENTRE, VISITOR CENTRE OR TOURIST INFORMATION CENTRE
LIGHTHOUSE
MOTOR RACING CIRCUIT
MUSEUM, ART GALLERY
NATIONAL PARK OR FOREST PARK
NATIONAL TRUST PROPERTY (Open) — NT
  (Restricted Opening) — NT
NATURE RESERVE OR BIRD SANCTUARY
NATURE TRAIL OR FOREST WALK
PLACE OF INTEREST _____ Monument •
PICNIC SITE
RAILWAY (Preserved, Miniature, Steam or Narrow Gauge)
TELEPHONE — PUBLIC (Selection) ___ AA OR RAC
THEME PARK
VIEWPOINT
WILDLIFE PARK
WINDMILL
ZOO OR SAFARI PARK

SCALE

0 1 2 3 4 5 6 Miles
0 1 2 3 4 5 6 7 8 9 10 Kilometres

1:158,400
2.5 Miles to 1 Inch

Geographers' A-Z Map Company Ltd
Head Office : Fairfield Road,
Borough Green, Sevenoaks, Kent TN15 8PP
Telephone : 01732- 781000
Showrooms :
44 Gray's Inn Road, London, WC1X 8HX
Telephone 0171-242 9009

© Edition 1 1996 Copyright of the publishers

No reproduction by any method whatsoever of any part of this publication is permitted without the prior consent of the copyright owners.

The Maps in this Atlas are based upon the Ordnance Survey Maps with the permission of the Controller of Her Majesty's Stationery Office.

© Crown Copyright.

2

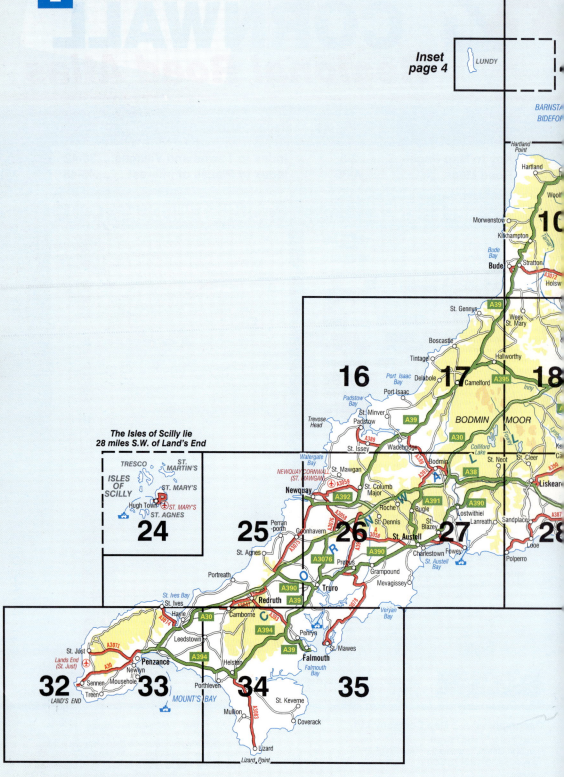

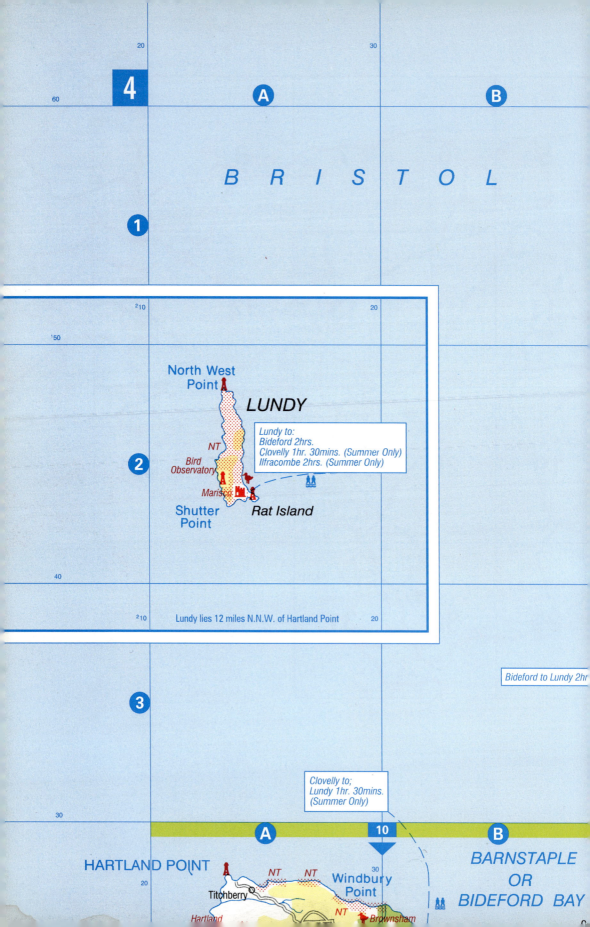

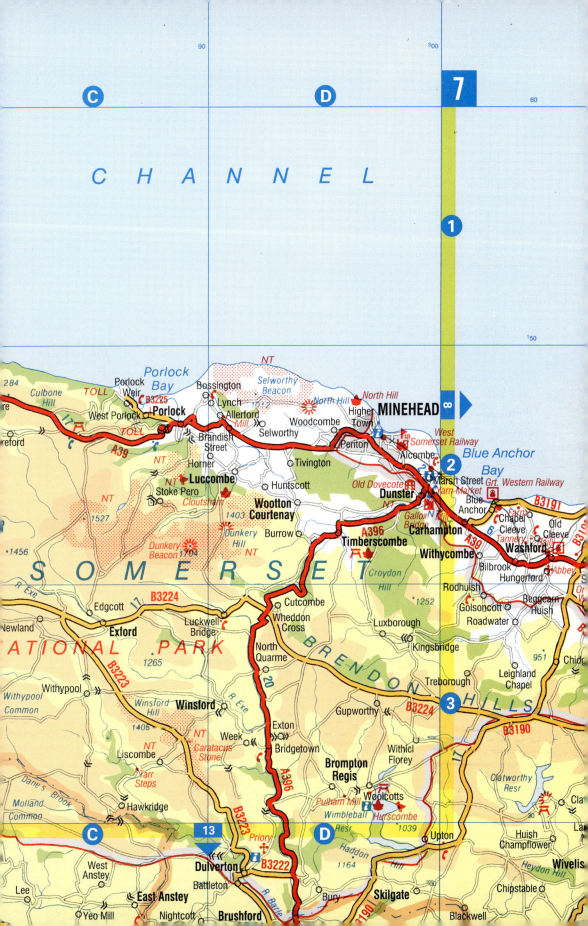

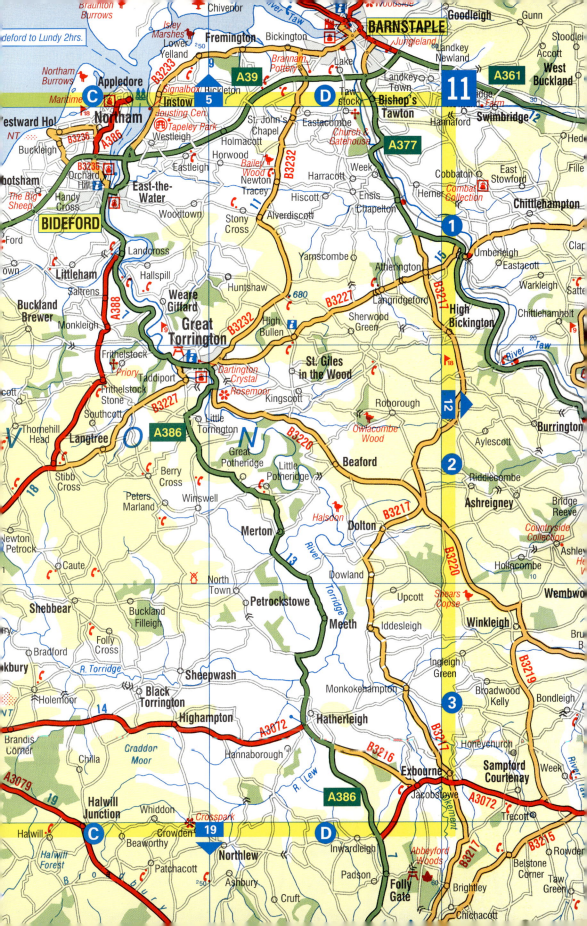

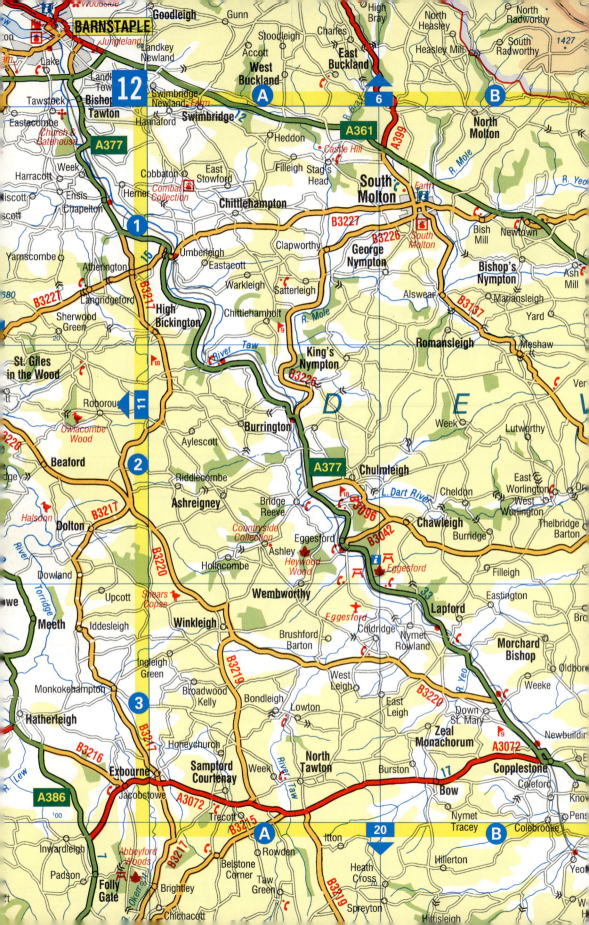

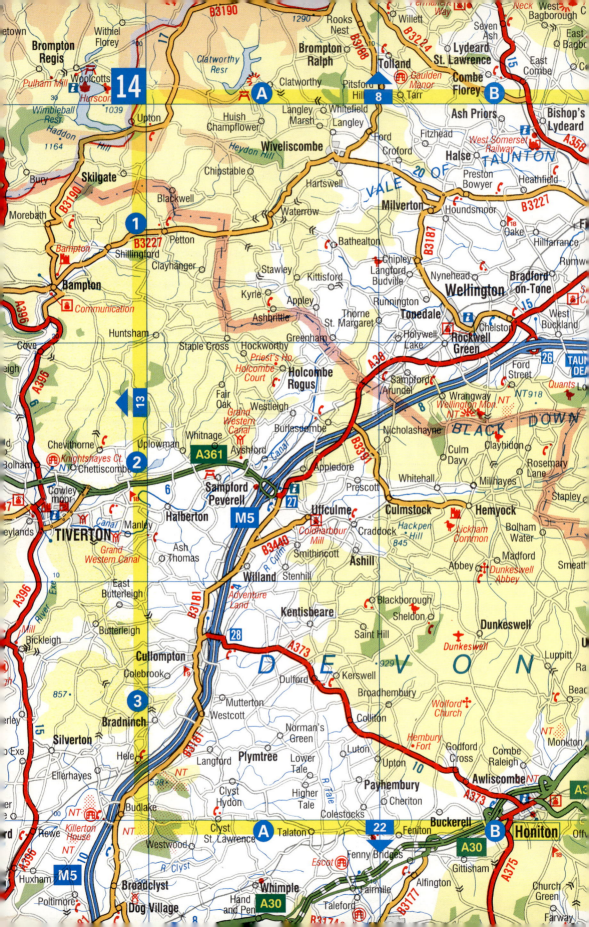

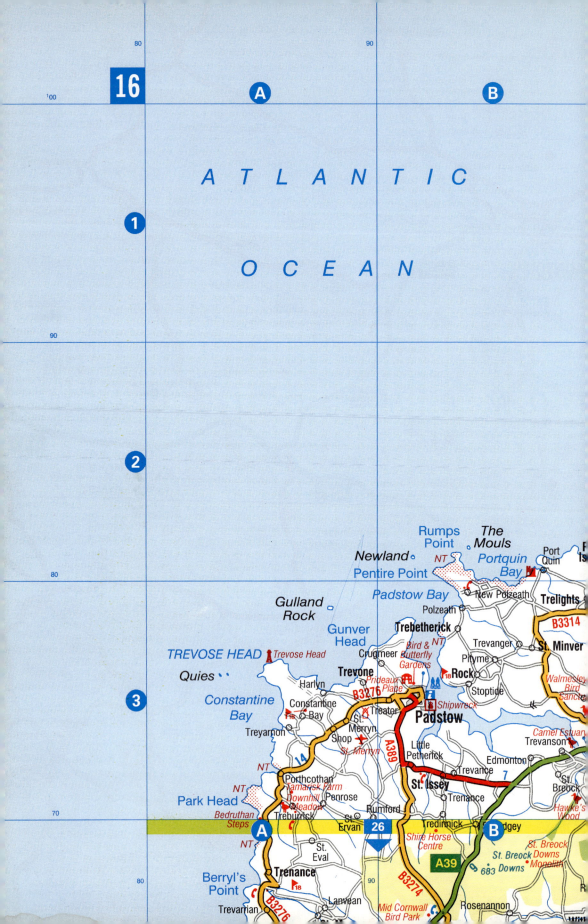

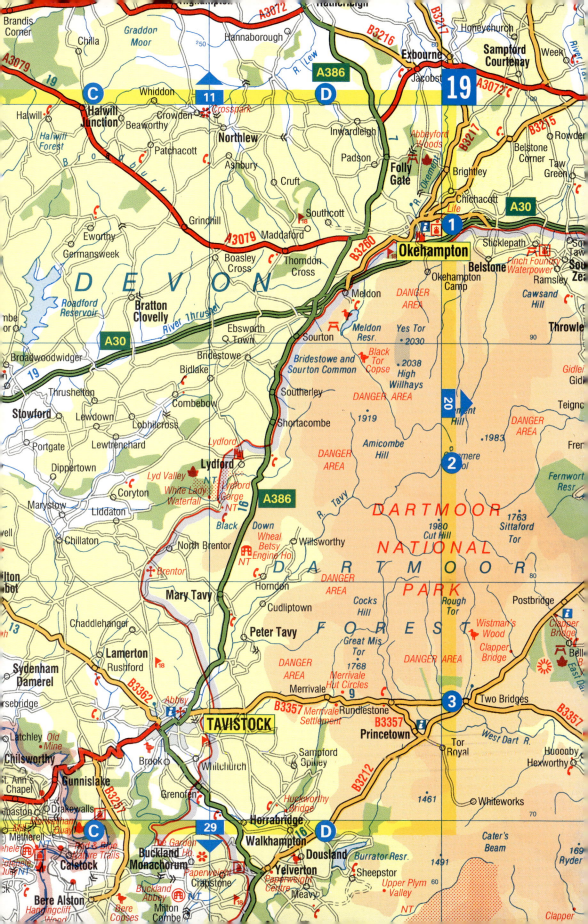

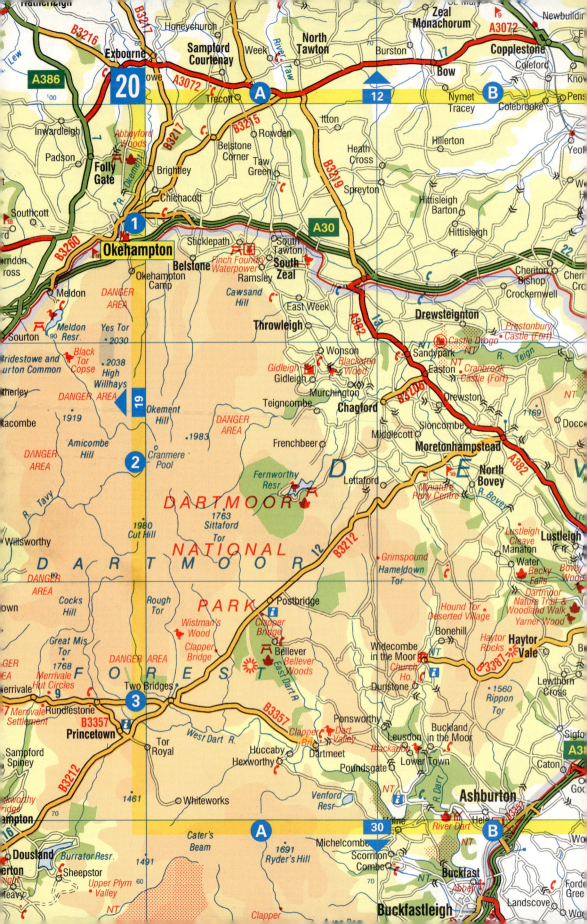

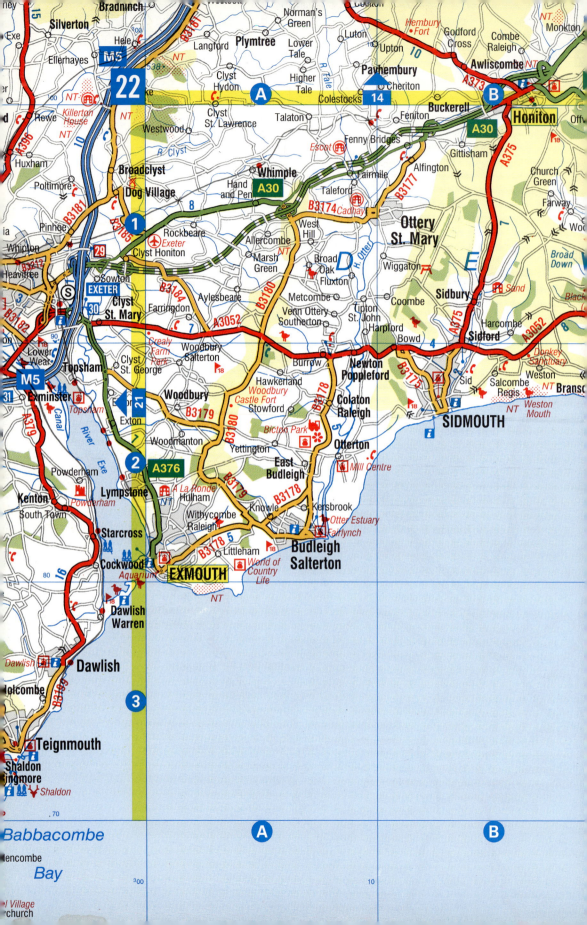

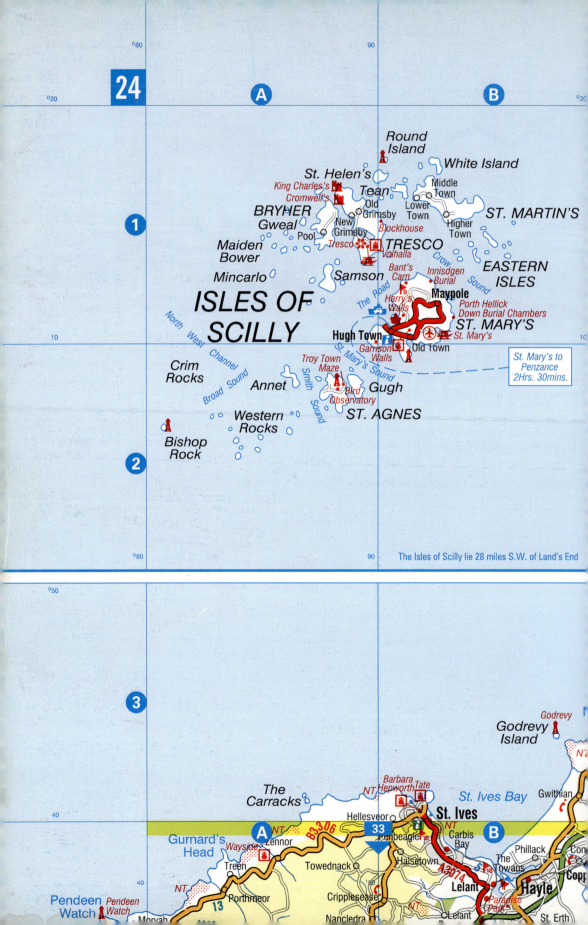

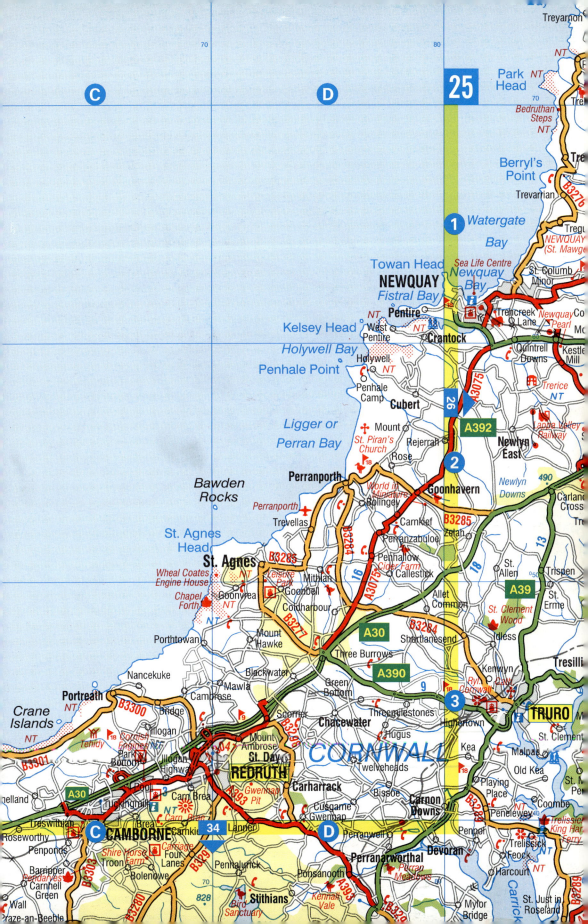

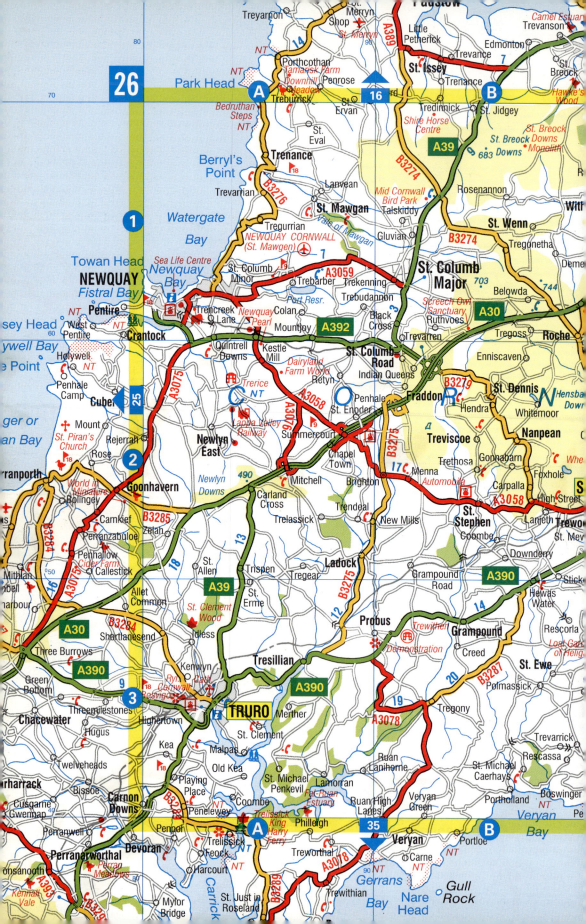

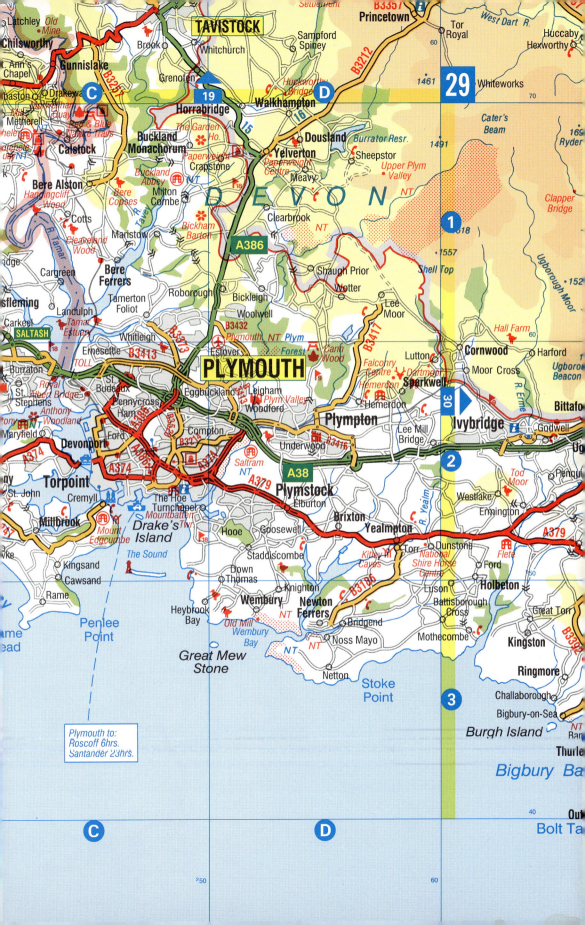

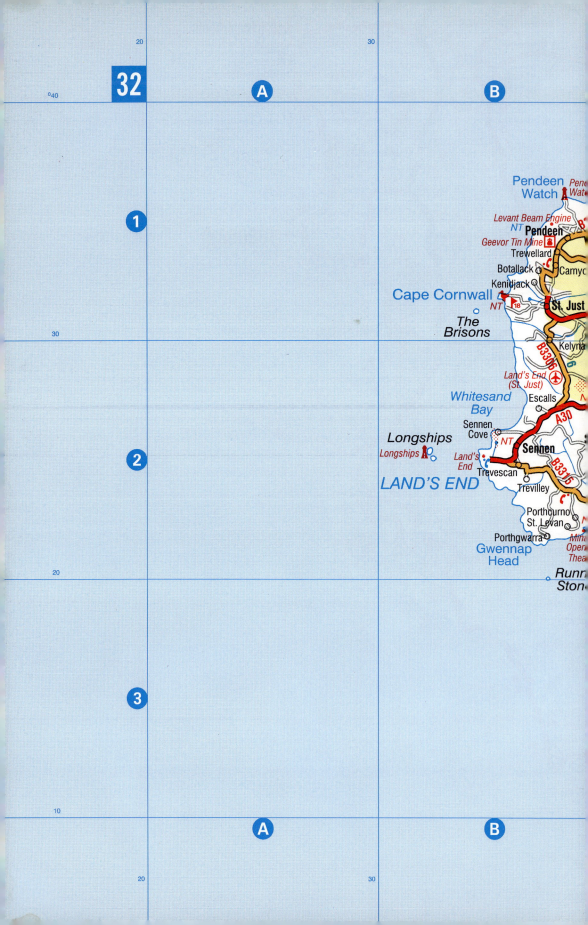

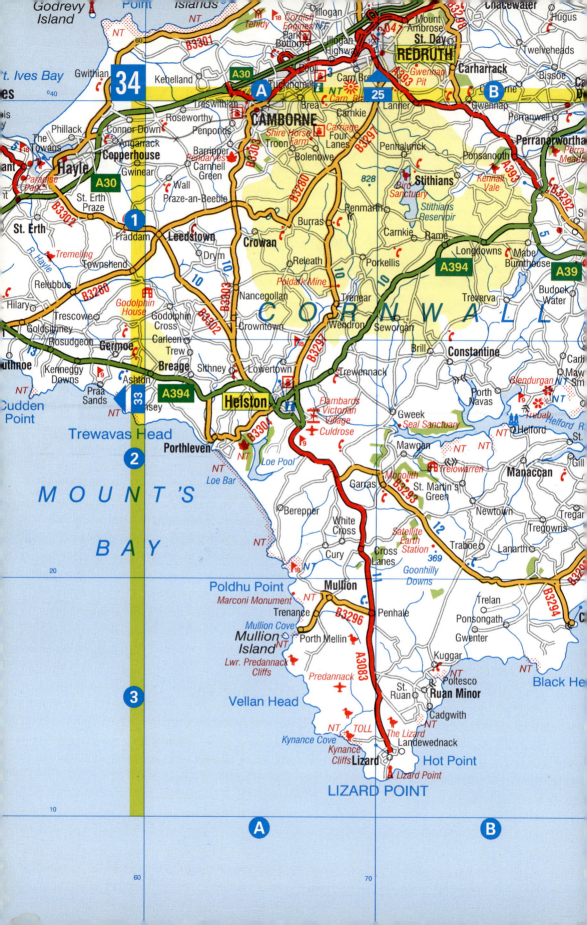

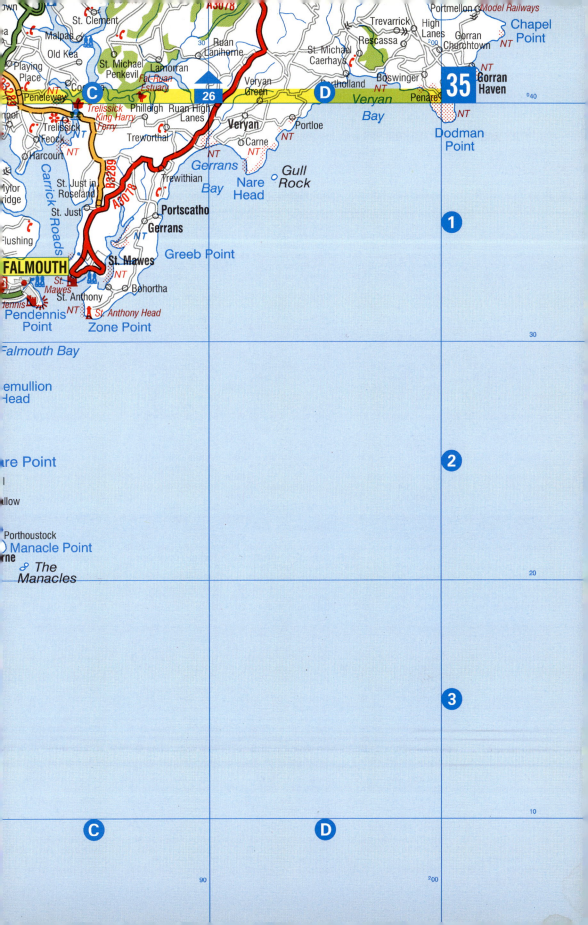

Index to Cities, Towns, Villages, Hamlets and Locations.

(1) A strict alphabetical order is used e.g. Ashton follows Ash Thomas but precedes Ashwater.

(2) The map reference given refers to the actual map square in which the town spot or built-up area is located and not to the place name.

(3) Where two places of the same name occur in the same County or Unitary Authority, the nearest large town is also given;
e.g. Aish. *Devn* —1A **30** (nr. Buckfastleigh) indicates that Aish is located in square 1A on page **30** and is situated near Buckfastleigh in the County of Devon.

COUNTIES AND UNITARY AUTHORITIES with the abbreviations used in this index.

Cornwall : *Corn* Devon : *Devn* Dorset : *Dors* Isles of Scilly : *IOS* North West Somerset : *NW.Sm* Somerset : *Som*

Abbey. *Devn* —2B **14**
Abbots Bickington. *Devn*
—2B **10**
Abbotsham. *Devn* —1C **11**
Abbotskerswell. *Devn*
—1C **31**
Accott. *Devn* —3A **6**
Adsborough. *Som* —1C **15**
Aish. *Devn* —1A **30**
(nr. Buckfastleigh)
Aish. *Devn* —2C **31**
(nr. Totnes)
Aisholt. *Som* —3B **8**
Albaston. *Corn* —3C **19**
Alcombe. *Som* —2D **7**
Aley. *Som* —3B **8**
Alfardisworthy. *Devn* —2A **10**
Alfington. *Devn* —1B **22**
Allaleigh. *Devn* —2C **31**
Aller. *Som* —1D **15**
Allercombe. *Devn* —1A **22**
Allerford. *Som* —2D **7**
Allet Common. *Corn* —3D **25**
Allowenshay. *Som* —2D **15**
Alminstone Cross. *Devn*
—1B **10**
Alphington. *Devn* —2D **21**
Alstone. *Som* —2D **9**
Alston Sutton. *Som* —1D **9**
Alswear. *Devn* —1B **12**
Altarnun. *Corn* —2A **18**
Alverdiscott. *Devn* —1D **11**
Angarrack. *Corn* —1D **33**
Antony. *Corn* —2C **29**
Anvil Corner. *Devn* —3B **10**
Appledore. *Devn* —3C **5**
(nr. Bideford)
Appledore. *Devn* —2A **14**
(nr. Tiverton)
Appley. *Som* —1A **14**
Arlington. *Devn* —2A **6**
Arlington Beccott. *Devn*
—2A **6**
Ash. *Devn* —3C **31**
Ashbrittle. *Som* —1A **14**
Ashburton. *Devn* —1B **30**
Ashbury. *Devn* —1D **19**
Ashcombe. *Devn* —3D **21**
Ashcott. *Som* —3D **9**
Ashford. *Devn* —3D **5**
(nr. Barnstaple)
Ashford. *Devn* —3A **30**
(nr. Kingsbridge)
Ashill. *Devn* —2A **14**
Ashill. *Som* —2D **15**
Ashley. *Devn* —2A **12**
Ashmansworthy. *Devn*
—2B **10**
Ashmill. *Devn* —1B **18**
(nr. Holsworthy)
Ash Mill. *Devn* —1B **12**
(nr. South Molton)
Ashprington. *Devn* —2C **31**
Ash Priors. *Som* —1B **14**
Ashreigney. *Devn* —2A **12**
Ash Thomas. *Devn* —2A **14**
Ashton. *Corn* —2A **34**
Ashwater. *Devn* —1B **18**

Athelney. *Som* —1D **15**
Atherington. *Devn* —1D **11**
Aveton Gifford. *Devn* —3A **30**
Avonwick. *Devn* —2B **30**
Awliscombe. *Devn* —3B **14**
Axbridge. *Som* —1D **9**
Axminster. *Devn* —1C **23**
Axmouth. *Devn* —1C **23**
Aylesbeare. *Devn* —1A **22**
Aylescott. *Devn* —2A **12**
Ayreville. *Devn* —1C **31**
Ayshford. *Devn* —2A **14**

Babbacombe. *Devn* —1D **31**
Badgall. *Corn* —2A **18**
Badgworth. *Som* —1D **9**
Bagley. *Som* —2D **9**
Bampton. *Devn* —1D **13**
Bangors. *Corn* —1A **18**
Bankland. *Som* —1D **15**
Bantham. *Devn* —3A **30**
Banwell. *N.Sm* —1D **9**
Barbrook. *Devn* —2B **6**
Barnstaple. *Devn* —3D **5**
Barrington. *Som* —2D **15**
Barripper. *Corn* —1A **34**
Barton. *Devn* —1D **31**
Barton. *N.Sm* —1D **9**
Barton Town. *Devn* —2A **6**
Bason Bridge. *Som* —2D **9**
Bathealton. *Som* —1A **14**
Bathpool. *Corn* —3A **18**
Bathpool. *Som* —1C **15**
Batson. *Devn* —3B **30**
Battisborough Cross. *Devn*
—3A **30**
Battleborough. *Som* —1D **9**
Battleton. *Devn* —1D **13**
Bawdrip. *Som* —3D **9**
Beacon. *Devn* —3B **14**
Beaford. *Devn* —2D **11**
Bealsmill. *Corn* —3B **18**
Beaworthy. *Devn* —1C **19**
Beeny. *Corn* —1D **17**
Beer. *Devn* —2C **23**
Beer. *Som* —3D **9**
Beercrocombe. *Som* —1D **15**
Beesands. *Devn* —3C **31**
Beeson. *Devn* —3C **31**
Beetham. *Som* —2C **15**
Beggearn Huish. *Som* —3A **8**
Bellever. *Devn* —3A **20**
Belowda. *Corn* —1B **26**
Belsford. *Devn* —2B **30**
Belstone. *Devn* —1A **20**
Belstone Corner. *Devn*
—1A **20**
Bennacott. *Corn* —1A **18**
Bennah. *Devn* —2C **21**
Bere Alston. *Devn* —1C **29**
Bere Ferrers. *Devn* —1C **29**
Berepper. *Corn* —2A **34**
Berrow. *Som* —1D **9**
Berry Cross. *Devn* —2C **11**
Berry Down Cross. *Devn*
—2D **5**
Berrynarbor. *Devn* —2D **5**

Berry Pomeroy. *Devn*
—1C **31**
Bettiscombe. *Dors* —1D **23**
Bickenhall. *Som* —2C **15**
Bickington. *Devn* —3D **5**
(nr. Barnstaple)
Bickington. *Devn* —3B **20**
(nr. Newton Abbot)
Bickleigh. *Devn* —1D **29**
(nr. Plymouth)
Bickleigh. *Devn* —3D **13**
(nr. Tiverton)
Bickleton. *Devn* —3D **5**
Bicknoller. *Som* —3B **8**
Biddisham. *Som* —1D **9**
Bideford. *Devn* —1C **11**
Bidlake. *Devn* —2D **19**
Bigbury. *Devn* —3A **30**
Bigbury-on-Sea. *Devn*
—3A **30**
Bilberry. *Corn* —2C **27**
Bilbrook. *Som* —2A **8**
Birch Wood. *Som* —2C **15**
Birdsmoor Gate. *Dors*
—3D **15**
Bish Mill. *Devn* —1B **12**
Bishop's Hull. *Som* —1C **15**
Bishop's Lydeard. *Som*
—1B **14**
Bishop's Nympton. *Devn*
—1B **12**
Bishop's Tawton. *Devn*
—3D **5**
Bishopsteignton. *Devn*
—3D **21**
Bishopswood. *Som* —2C **15**
Bissoe. *Corn* —3D **25**
Bittadon. *Devn* —2D **5**
Bittaford. *Devn* —2A **30**
Blackawton. *Devn* —2C **31**
Blackborough. *Devn* —3A **14**
Black Cross. *Corn* —1B **26**
Black Dog. *Devn* —3C **13**
Blackdown. *Dors* —3D **15**
Blackford. *Som* —2D **9**
Blackmoor Gate. *Devn* —2A **6**
Blackney. *Dors* —1D **23**
Blackpool. *Devn* —3C **31**
Black Torrington. *Devn*
—3C **11**
Blackwater. *Corn* —3D **25**
Blackwater. *Som* —2C **15**
Blackwell. *Som* —1A **14**
Blagdon. *Devn* —1C **31**
Blagdon Hill. *Som* —2C **15**
Bleadon. *N.Sm* —1D **9**
Blisland. *Corn* —3C **17**
Blue Anchor. *Som* —2A **8**
Blunts. *Corn* —1B **28**
Boasley Cross. *Devn* —1D **19**
Bocaddon. *Corn* —2D **27**
Bodieve. *Corn* —3B **16**
Bodinnick. *Corn* —2D **27**
Bodmin. *Corn* —1C **27**
Bodrane. *Corn* —1A **28**
Bohortha. *Corn* —1C **35**
Bojewyan. *Corn* —1B **32**
Bokiddick. *Corn* —1C **27**

Bolberry. *Devn* —3A **30**
Bolenowe. *Corn* —1A **34**
Bolham. *Devn* —2D **13**
Bolham Water. *Devn* —2B **14**
Bolingey. *Corn* —2D **25**
Bolventor. *Corn* —3D **17**
Bondleigh. *Devn* —3A **12**
Bonehill. *Devn* —3B **20**
Boreston. *Devn* —2B **30**
Boscastle. *Corn* —1D **17**
Boscoppa. *Corn* —2C **27**
Bossiney. *Corn* —2C **17**
Bossington. *Som* —2C **7**
Boswarthen. *Corn* —1C **33**
Boswinger. *Corn* —3B **26**
Botallack. *Corn* —1B **32**
Botusfleming. *Corn* —1C **29**
Bovey Tracey. *Devn* —3C **21**
Bow. *Devn* —3B **12**
Bowd. *Devn* —2B **22**
Bowden. *Corn* —3C **31**
Dower Hinton. *Som* —2D **15**
Bowithick. *Corn* —2D **17**
Bowood. *Dors* —1D **23**
Box's Shop. *Corn* —3A **10**
Boyton. *Corn* —1B **18**
Bradford. *Devn* —3C **11**
Bradford Barton. *Devn*
—2C **13**
Bradford-on-Tone. *Som*
—1B **14**
Bradiford. *Devn* —3D **5**
Bradley Green. *Som* —3C **9**
Bradninch. *Devn* —3A **14**
Bradstone. *Devn* —2B **18**
Bradworthy. *Devn* —2B **10**
Brampford Speke. *Devn*
—1D **21**
Brandis Corner. *Devn* —3C **11**
Brandish Street. *Som* —2D **7**
Brane. *Corn* —2C **33**
Branscombe. *Devn* —2B **22**
Bratton Clovelly. *Devn* —1C **19**
Bratton Fleming. *Devn* —3A **6**
Braunton. *Devn* —3C **5**
Brayford. *Devn* —3A **6**
Bray Shop. *Corn* —3B **18**
Brazacott. *Corn* —1A **18**
Brea. *Corn* —1A **34**
Breage. *Corn* —2A **34**
Brean. *Som* —1C **9**
Brendon. *Devn* —2B **6**
Brent Knoll. *Som* —1D **9**
Bridestowe. *Devn* —2D **19**
Bridford. *Devn* —2C **21**
Bridfordmills. *Devn* —2C **21**
Bridge. *Corn* —3C **25**
Bridgend. *Devn* —3D **29**
Bridge Reeve. *Devn* —2A **12**
Bridgerule. *Devn* —3A **10**
Bridgetown. *Corn* —2C **31**
Bridgetown. *Som* —3D **7**
Bridgwater. *Som* —3D **9**
Bridport. *Dors* —1D **23**
Brightley. *Devn* —1A **20**
Brighton. *Corn* —2B **26**
Brill. *Corn* —2B **34**
Brinscombe. *Som* —1D **9**

Brixham. *Devn* —2D **31**
Brixton. *Devn* —2D **29**
Broadclyst. *Devn* —1D **21**
Broadhembury. *Devn* —3B **14**
Broadhempston. *Devn*
—1C **31**
Broad Oak. *Devn* —1A **22**
Broadoak. *Dors* —1D **23**
Broadshard. *Som* —2D **15**
Broadway. *Som* —2D **15**
Broadwindsor. *Dors* —3D **15**
Broadwood Kelly. *Devn*
—3A **12**
Broadwoodwidger. *Devn*
—2C **19**
Brompton Ralph. *Som* —3A **8**
Brompton Regis. *Som* —3D **7**
Brook. *Devn* —3C **19**
Broomfield. *Som* —3C **9**
Brownston. *Devn* —2A **30**
Brownstone. *Devn* —1A **22**
Brushford. *Som* —1D **13**
Brushford Barton. *Devn*
—3A **12**
Buckerell. *Devn* —3B **14**
Buckfast. *Devn* —1B **30**
Buckfastleigh. *Devn* —1B **30**
Buckland. *Devn* —3A **30**
Buckland Brewer. *Devn*
—1C **11**
Buckland Filleigh. *Devn*
—3C **11**
Buckland in the Moor. *Devn*
—3B **20**
Buckland Monachorum. *Corn*
—1C **29**
Buckland St Mary. *Som*
—2C **15**
Buckland-tout-Saints. *Devn*
—3B **30**
Buckleigh. *Devn* —1C **11**
Buck's Cross. *Devn* —1B **10**
Buck's Mills. *Devn* —1B **10**
Bude. *Corn* —3A **10**
Budge's Shop. *Corn* —2B **28**
Budlake. *Devn* —3D **13**
Budleigh Salterton. *Devn*
—2A **22**
Budock Water. *Corn* —1B **34**
Bugle. *Corn* —2C **27**
Bulkworthy. *Devn* —2B **10**
Burlawn. *Corn* —1B **26**
Burlescombe. *Devn* —2A **14**
Burlestone. *Devn* —3C **31**
Burnham-on-Sea. *Som*
—2D **9**
Burras. *Corn* —1A **34**
Burraton. *Corn* —2C **29**
Burridge. *Devn* —3D **5**
(nr. Chard)
Burridge. *Devn* —2B **12**
(nr. Chawleigh)
Burrington. *Devn* —2A **12**
Burrow. *Devn* —2A **22**
Burrow. *Som* —2D **7**
Burrow Bridge. *Som* —1D **15**
Burstock. *Dors* —3D **15**
Burston. *Devn* —3B **12**

Burtle. *Som* —2D **9**
Burton. *Som* —2B **8**
Bury. *Som* —1D **13**
Bush. *Corn* —3A **10**
Bussex. *Som* —3D **9**
Butterleigh. *Devn* —3D **13**

Cadbury. *Devn* —3D **13**
Cadeleigh. *Devn* —3D **13**
Cadgwith. *Corn* —3B **34**
Callestick. *Corn* —2D **25**
Callington. *Corn* —1B **28**
Calstock. *Corn* —1C **29**
Calverleigh. *Devn* —2D **13**
Camborne. *Corn* —1A **34**
Cambrose. *Corn* —3C **25**
Camelford. *Corn* —2D **17**
Cannington. *Som* —3C **9**
Canonstown. *Corn* —1D **33**
Canworthy Water. *Corn*
—1A **18**
Capton. *Devn* —2C **31**
Capton. *Som* —3A **8**
Caradon Town. *Corn* —3A **18**
Carbis Bay. *Corn* —1D **33**
Cardinham. *Corn* —1D **27**
Cargreen. *Corn* —1C **29**
Carhampton. *Som* —2A **8**
Carharrack. *Corn* —3D **25**
Carkeel. *Corn* —1C **29**
Carland Cross. *Corn* —2A **26**
Carleen. *Corn* —2A **34**
Carlidnack. *Corn* —2B **34**
Carlyon Bay. *Corn* —2C **27**
Carn Brea. *Corn* —3C **25**
Carne. *Corn* —1D **35**
Carnhell Green. *Corn* —1A **34**
Carnkie. *Corn* —1B **34**
(nr. Falmouth)
Carnkie. *Corn* —1A **34**
(nr. Redruth)
Carnkief. *Corn* —2D **25**
Carnon Downs. *Corn* —3A **26**
Carnyorth. *Corn* —1B **32**
Carpalla. *Corn* —2B **26**
Carthew. *Corn* —2C **27**
Catcott. *Som* —3D **9**
Catherston Leweston. *Dors*
—1D **23**
Caton. *Devn* —3B **20**
Caute. *Devn* —2C **11**
Cawsand. *Corn* —3C **29**
Chacewater. *Corn* —3D **25**
Chaddlehanger. *Devn* —3C **19**
Chaffcombe. *Som* —2D **15**
Chagford. *Devn* —2B **20**
Challaborough. *Devn* —3A **30**
Challacombe. *Devn* —2A **6**
Chapel Allerton. *Som* —1D **9**
Chapel Amble. *Corn* —3B **16**
Chapel Cleeve. *Som* —2A **8**
Chapelton. *Devn* —1D **11**
Chapel Town. *Corn* —2A **26**
Chapmans Well. *Devn*
—1B **18**
Chard. *Som* —3D **15**
Chard Junction. *Dors* —3D **15**
Chardstock. *Devn* —3D **15**
Charles. *Devn* —3A **6**
Charlestown. *Corn* —2C **27**
Charlinch. *Som* —3C **9**
Charmouth. *Dors* —1D **23**
Chasty. *Devn* —3B **10**
Chawleigh. *Devn* —2B **12**
Cheddar. *Som* —1D **9**
Cheddon Fitzpaine. *Som*
—1C **15**
Chedzoy. *Som* —3D **9**
Cheglinch. *Devn* —2D **5**
Cheldon. *Devn* —2B **12**
Chelston. *Som* —1B **14**

Cheriton. *Devn* —3B **14**
(nr. Honiton)
Cheriton. *Devn* —2B **6**
(nr. Lynton)
Cheriton Bishop. *Devn*
—1B **20**
Cheriton Cross. *Devn* —1B **20**
Cheriton Fitzpaine. *Devn*
—3C **13**
Cheston. *Devn* —2A **30**
Chettiscombe. *Devn* —2D **13**
Chevithorne. *Devn* —2D **13**
Chichacott. *Devn* —1A **20**
Chideock. *Dors* —1D **23**
Chidgley. *Som* —3A **8**
Chilla. *Devn* —3C **11**
Chillaton. *Devn* —2C **19**
Chillington. *Devn* —3B **30**
Chillington. *Som* —2D **15**
Chilsworthy. *Corn* —3C **19**
Chilsworthy. *Devn* —3B **10**
Chilton. *Devn* —3C **13**
Chilton Polden. *Som* —3D **9**
Chilton Trinity. *Som* —3C **9**
Chipley. *Som* —1B **14**
Chipstable. *Som* —1A **14**
Chitterley. *Devn* —3D **13**
Chittlehamholt. *Devn* —1A **12**
Chittlehampton. *Devn* —1A **12**
Chivelstone. *Devn* —3B **30**
Chivenor. *Devn* —3D **5**
Christon. *N.Sm* —1D **9**
Christow. *Devn* —2C **21**
Chudleigh. *Devn* —3C **21**
Chudleigh Knighton. *Devn*
—3C **21**
Chulmleigh. *Devn* —2A **12**
Church Green. *Devn* —1B **22**
Churchill. *Devn* —3D **15**
(nr. Axminster)
Churchill. *Devn* —2D **5**
(nr. Barnstaple)
Churchill. *N.Sm* —1D **9**
Churchingford. *Som* —2C **15**
Churchstanton. *Som* —2B **14**
Churchstow. *Devn* —3B **30**
Churchtown. *Devn* —2A **6**
Churston Ferrers. *Devn*
—2D **31**
Chyandour. *Corn* —1C **33**
Clapham. *Devn* —2C **21**
Clapton. *Som* —3D **15**
Clapworthy. *Devn* —1A **12**
Clatworthy. *Som* —3A **8**
Clawton. *Devn* —1B **18**
Clayhanger. *Devn* —1A **14**
Clayhidon. *Devn* —2B **14**
Clearbrook. *Devn* —1D **29**
Clewer. *Som* —1D **9**
Clifton. *Devn* —2A **6**
Clovelly. *Devn* —1B **10**
Clyst Honiton. *Devn* —1D **21**
Clyst Hydon. *Devn* —3A **14**
Clyst St George. *Devn* —2D **21**
Clyst St Lawrence. *Devn*
—3A **14**
Clyst St Mary. *Devn* —1D **21**
Coad's Green. *Corn* —3A **18**
Coat. *Som* 1D **16**
Cobbaton. *Devn* —1A **12**
Coburg. *Devn* —3C **21**
Cockington. *Corn* —1C **11**
(nr. Bideford)
Cockington. *Devn* —1D **31**
(nr. Torquay)
Cocklake. *Som* —2D **9**
Cockwood. *Devn* —2D **21**
Codda. *Corn* —3D **17**
Coffinswell. *Devn* —1C **31**
Colan. *Corn* —1A **26**
Colaton Raleigh. *Devn*
—2A **22**

Coldeast. *Devn* —3C **21**
Coldharbour. *Corn* —3D **25**
Coldridge. *Devn* —3B **12**
Colebrook. *Devn* —3A **14**
Colebrooke. *Devn* —3B **12**
Coleford. *Devn* —3B **12**
Colestocks. *Devn* —3A **14**
Collaton. *Devn* —3B **30**
Collaton St Mary. *Devn*
—2C **31**
Colliton. *Devn* —3A **14**
Colscott. *Devn* —2B **10**
Colyford. *Devn* —1C **23**
Colyton. *Devn* —1C **23**
Combe. *Devn* —1B **30**
Combebow. *Devn* —2C **19**
Combe Fishacre. *Devn*
—1C **31**
Combe Florey. *Som* —3B **8**
Combeinteignhead. *Devn*
—3D **21**
Combe Martin. *Devn* —2D **5**
Combe Raleigh. *Devn*
—3B **14**
Combe St Nicholas. *Som*
—2D **15**
Combpyne. *Devn* —1C **23**
Combwich. *Som* —2C **9**
Common Moor. *Corn* —1A **28**
Compton. *Devn* —2C **29**
(nr. Plymouth)
Compton. *Devn* —1C **31**
(nr. Torquay)
Compton Bishop. *Som*
—1D **9**
Congdon's Shop. *Corn*
—3A **18**
Connor Downs. *Corn* —1D **33**
Constantine. *Corn* —2B **34**
Constantine Bay. *Corn*
—3A **16**
Cookbury. *Devn* —3C **11**
Cookbury Wick. *Devn* —3B **10**
Coombe. *Corn* —2A **10**
(nr. Bude)
Coombe. *Corn* —2B **26**
(nr. St Austell)
Coombe. *Corn* —3A **26**
(nr. Truro)
Coombe. *Devn* —1B **22**
(nr. Sidmouth)
Coombe. *Devn* —3D **21**
(nr. Teignmouth)
Coppathorne. *Corn* —3A **10**
Copperhouse. *Corn* —1D **33**
Copplestone. *Devn* —3B **12**
Corfe. *Som* —2C **15**
Cornwood. *Devn* —2A **30**
Cornworthy. *Devn* —2C **31**
Coryton. *Devn* —2C **19**
Cossington. *Som* —2D **9**
Cotehelstone. *Som* —3B **8**
Cotleigh. *Devn* —3C **15**
Cott. *Devn* —1B **30**
Cotts. *Devn* —1C **29**
Cotteylands. *Devn* —2D **13**
Couch's Mill. *Corn* —2D **27**
Coultings. *Som* —2C **9**
Countisbury. *Devn* —2B **6**
Courtway. *Som* —3C **9**
Cove. *Devn* —2D **13**
Coverack. *Corn* —3B **34**
Cowley. *Devn* —1D **21**
Cowleymoor. *Devn* —2D **13**
Crackington Haven. *Corn*
—1D **17**
Craddock. *Devn* —2A **14**
Crafthole. *Corn* —2B **28**
Crantock. *Corn* —1D **25**
Crapstone. *Devn* —1D **29**
Crawley. *Devn* —3C **15**
Creacombe. *Devn* —2C **13**

Crediton. *Devn* —3C **13**
Creech Heathfield. *Som*
—1C **15**
Creech St Michael. *Som*
—1C **15**
Creed. *Corn* —3B **26**
Cremyll. *Corn* —2C **29**
Crewkerne. *Som* —3D **15**
Cricket Malherbie. *Som*
—2D **15**
Cricket St Thomas. *Som*
—3D **15**
Crickham. *Som* —2D **9**
Crimchard. *Som* —3D **15**
Cripplesease. *Corn* —1D **33**
Croanford. *Corn* —3C **17**
Crockernwell. *Devn* —1B **20**
Croford. *Som* —1B **14**
Cross. *Som* —1D **9**
Cross Green. *Devn* —2B **18**
Cross Lanes. *Corn* —2A **34**
Cross Side. *Devn* —1C **13**
Crowan. *Corn* —1A **34**
Crowcombe. *Som* —3B **8**
Crowden. *Devn* —1C **19**
Crowlas. *Corn* —1D **33**
Crowntown. *Corn* —1A **34**
Crows-an-wra. *Corn* —2B **32**
Croyde. *Devn* —3C **5**
Cruft. *Devn* —1D **19**
Crugmeer. *Corn* —3B **16**
Cruwys Morchard. *Devn*
—2C **13**
Cubert. *Corn* —2D **25**
Cudliptown. *Devn* —3D **19**
Cudworth. *Som* —2D **15**
Cullompton. *Devn* —3A **14**
Culm Davy. *Devn* —2B **14**
Culmstock. *Devn* —2B **14**
Culver. *Devn* —1C **21**
Culverlane. *Devn* —1B **30**
Curland. *Som* —2C **15**
Curry Mallet. *Som* —1D **15**
Curry Rivel. *Som* —1D **15**
Curtisknowle. *Devn* —2B **30**
Cury. *Corn* —2A **34**
Cusgarne. *Corn* —3D **25**
Cutcombe. *Som* —3D **7**
Cutmadoc. *Corn* —1C **27**
Cuttivett. *Corn* —1B **28**

Dalwood. *Devn* —3C **15**
Darite. *Corn* —1A **28**
Darracott. *Devn* —3C **5**
Dartington. *Devn* —1B **30**
Dartmeet. *Devn* —3A **20**
Dartmouth. *Devn* —2C **31**
Davidstow. *Corn* —2D **17**
Dawlish. *Devn* —3D **21**
Dawlish Warren. *Devn*
—3D **21**
Daw's House. *Corn* —2B **18**
Dean. *Devn* —1B **30**
(nr. Buckfastleigh)
Dean. *Devn* —2A **6**
(nr. Combe Martin)
Dean. *Devn* —2D **5**
(nr. Ilfracombe)
Dean. *Devn* —2B **6**
(nr. Lynton)
Dean Prior. *Devn* —1B **30**
Delabole. *Corn* —2C **17**
Demelza. *Corn* —1B **26**
Denbury. *Devn* —1C **31**
Derril. *Devn* —3B **10**
Derriton. *Devn* —3B **10**
Devonport. *Devn* —2C **29**
Devoran. *Corn* —1B **34**
Dexbeer. *Devn* —3A **10**
Didworthy. *Devn* —1A **30**
Dinnington. *Som* —2D **15**

Dinworthy. *Devn* —2B **10**
Dippertown. *Devn* —2C **19**
Diptford. *Devn* —2B **30**
Dittisham. *Devn* —2C **31**
Dizzard. *Corn* —1D **17**
Dobwalls. *Corn* —1A **28**
Doccombe. *Devn* —2B **20**
Dodbrooke. *Devn* —3B **30**
Doddiscombsleigh. *Devn*
—2C **21**
Dodington. *Som* —2B **8**
Dog Village. *Devn* —1D **21**
Dolton. *Devn* —2D **11**
Doniford. *Som* —2A **8**
Donyatt. *Som* —2D **15**
Doublebois. *Corn* —1D **27**
Dousland. *Devn* —1D **29**
Dowland. *Devn* —2D **11**
Dowlands. *Devn* —1C **23**
Dowlish Wake. *Som* —2D **15**
Downderry. *Corn* —2B **28**
(nr. Looe)
Downderry. *Corn* —2B **26**
(nr. St Austell)
Downgate. *Corn* —3B **18**
(nr. Kelly Brae)
Downgate. *Corn* —3A **18**
(nr. Upton Cross)
Down St Mary. *Devn* —3B **12**
Down Thomas. *Devn* —3D **29**
Drakewalls. *Corn* —3C **19**
Drayford. *Devn* —2B **12**
Drayton. *Som* —1D **15**
Drewsteignton. *Devn* —1B **20**
Drewston. *Devn* —2B **20**
Drimpton. *Devn* —3D **15**
Drym. *Corn* —1A **34**
Dulford. *Devn* —3A **14**
Duloe. *Corn* —2A **28**
Dulverton. *Som* —1D **13**
Dunball. *Som* —2D **9**
Dunkeswell. *Devn* —3B **14**
Dunsford. *Devn* —2C **21**
Dunster. *Som* —2D **7**
Dunstone. *Devn* —3B **20**
(nr. Ashburton)
Dunstone. *Devn* —2D **29**
(nr. Plymouth)
Dunterton. *Devn* —3B **18**
Durleigh. *Som* —3C **9**
Durston. *Som* —1C **15**
Dutson. *Corn* —2B **18**
Dyke. *Devn* —1B **10**

Eastacombe. *Devn* —1D **11**
Eastacott. *Devn* —1A **12**
East Allington. *Devn* —3B **30**
East Anstey. *Devn* —1C **13**
East Bagborough. *Som* —3B **8**
East Brent. *Som* —1D **9**
Eastbridge. *Devn* —2C **11**
East Buckland. *Devn* —3A **6**
East Budleigh. *Devn* —2A **22**
East Butterleigh. *Devn*
—3D **13**
East Charleton. *Devn* —3B **30**
East Combe. *Som* —3B **8**
East Cornworthy. *Devn*
—2C **31**
Eastcott. *Corn* —2A **10**
East Down. *Devn* —2A **6**
Eastertown. *Som* —1D **9**
East Huntspill. *Som* —2D **9**
Eastington. *Devn* —3B **12**
East Knowstone. *Devn*
—1C **13**
East Lambrook. *Som* —2D **15**
Eastleigh. *Devn* —1C **11**
(nr. Bideford)
East Leigh. *Devn* —3B **12**
(nr. Crediton)

East Leigh. *Devn* —2A **30**
 (nr. Modbury)
East Looe. *Corn* —2A **28**
East Ogwell. *Devn* —3C **21**
Easton. *Devn* —2B **20**
East Panson. *Devn* —1B **18**
East Portlemouth. *Devn*
 —3B **30**
East Prawle. *Devn* —3B **30**
East Putford. *Devn* —2B **10**
East Quantoxhead. *Som*
 —2B **8**
East Stowford. *Devn* —1A **12**
East Taphouse. *Corn* —1D **27**
East-the-Water. *Devn* —1C **11**
East Village. *Devn* —3C **13**
East Week. *Devn* —1A **20**
East Worlington. *Devn*
 —2B **12**
East Youlstone. *Devn*
 —2A **10**
Ebford. *Devn* —2D **21**
Ebsworthy Town. *Devn*
 —1D **19**
Edgcott. *Som* —3C **7**
Edington. *Som* —3D **9**
Edingworth. *Som* —1D **9**
Edistone. *Devn* —1A **10**
Edithmead. *Som* —2D **9**
Edmonton. *Corn* —3B **16**
Efford. *Devn* —3C **13**
Eggbuckland. *Devn* —2C **29**
Eggesford. *Devn* —2A **12**
Egloshayle. *Corn* —3C **17**
Egloskerry. *Corn* —2A **18**
Elburton. *Devn* —2D **29**
Ellbridge. *Corn* —1C **29**
Ellerhayes. *Devn* —3D **13**
Elmscott. *Devn* —1A **10**
Elston. *Devn* —3B **12**
Elstone. *Devn* —2A **12**
Elworthy. *Som* —3A **8**
Enmore. *Som* —3C **9**
Enniscaven. *Corn* —2B **26**
Ensis. *Devn* —1D **11**
Ermington. *Devn* —2A **30**
Ernesettle. *Devn* —2C **29**
Escalls. *Corn* —2B **32**
Estover. *Devn* —2D **29**
Eworthy. *Devn* —1C **19**
Exbourne. *Devn* —3A **12**
Exebridge. *Som* —1D **13**
Exeter. *Devn* —1D **21**
Exeter Airport. *Devn* —1A **22**
Exford. *Som* —3C **7**
Exminster. *Devn* —2D **21**
Exmouth. *Devn* —2A **22**
Exton. *Devn* —2D **21**
Exton. *Som* —3D **7**
Exwick. *Devn* —1D **21**
Eype. *Dors* —1D **23**

Fairmile. *Devn* —1A **22**
Fair Oak. *Devn* —2A **14**
Fairy Cross. *Devn* —1C **11**
Falmouth. *Corn* —1C **35**
Farringdon. *Devn* —1A **22**
Farway. *Devn* —1B **22**
Fawton. *Corn* —1D **27**
Feniton. *Devn* —1B **22**
Fenny Bridges. *Devn* —1B **22**
Fentonadle. *Corn* —3C **17**
Feock. *Corn* —1C **35**
Fiddington. *Som* —2C **9**
Filford. *Dors* —1D **23**
Filleigh. *Devn* —2B **12**
 (nr. Crediton)
Filleigh. *Devn* —1A **12**
 (nr. South Molton)
Fishpond Bottom. *Dors*
 —1D **23**

Fitzhead. *Som* —1B **14**
Five Bells. *Som* —2A **8**
Fivehead. *Som* —1D **15**
Fivelanes. *Corn* —2A **18**
Flaxpool. *Som* —3B **8**
Flexbury. *Corn* —3A **10**
Flushing. *Corn* —1C **35**
Fluxton. *Devn* —1A **22**
Folly Cross. *Devn* —3C **11**
Folly Gate. *Devn* —1D **19**
Ford. *Corn* —1C **11**
 (nr. Bideford)
Ford. *Devn* —1A **10**
 (nr. Hartland)
Ford. *Devn* —2A **30**
 (nr. Holbeton)
Ford. *Devn* —2C **29**
 (nr. Plymouth)
Ford. *Devn* —3B **30**
 (nr. Salcombe)
Ford. *Som* —1A **14**
Ford Barton. *Devn* —2D **13**
Forder Green. *Devn* —1B **30**
Ford Street. *Som* —2B **14**
Fordton. *Devn* —1C **21**
Forton. *Som* —3D **15**
Four Forks. *Som* —3C **9**
Four Lanes. *Corn* —1A **34**
Fowey. *Corn* —2D **27**
Foxhole. *Corn* —2B **26**
Fraddam. *Corn* —1D **33**
Fraddon. *Corn* —2B **26**
Freathy. *Corn* —2C **29**
Fremington. *Devn* —3D **5**
Frenchbeer. *Devn* —2A **20**
Frithelstock. *Devn* —2C **11**
Frithelstock Stone. *Devn*
 —2C **11**
Frittiscombe. *Devn* —3C **31**
Frogmore. *Devn* —3B **30**
Frogwell. *Corn* —1B **28**
Fulford. *Som* —1C **15**
Fulwood. *Som* —1C **15**
Furley. *Devn* —3C **15**
Furzehill. *Devn* —2B **6**

Galmington. *Som* —1C **15**
Galmpton. *Devn* —2C **31**
 (nr. Paignton)
Galmpton. *Devn* —3A **30**
 (nr. Salcombe)
Galmpton Warborough. *Devn*
 —2C **31**
Gang. *Corn* —1B **28**
Gappah. *Devn* —3C **21**
Garras. *Corn* —2B **34**
Georgeham. *Devn* —3C **5**
George Nympton. *Devn*
 —1B **12**
Germansweek. *Devn* —1C **19**
Germoe. *Corn* —2D **33**
Gervans. *Corn* —1C **35**
Gidleigh. *Devn* —2A **20**
Gittisham. *Devn* —1B **22**
Gluvian. *Corn* —1B **26**
Goathurst. *Som* —3C **9**
Godford Cross. *Devn* —3B **14**
Godolphin Cross. *Corn*
 —1A **34**
Godwell. *Devn* —2A **30**
Golant. *Corn* —2D **27**
Golberdon. *Corn* —3B **18**
Goldsithney. *Corn* —1D **33**
Goldworthy. *Devn* —1B **10**
Golsoncott. *Som* —3A **8**
Gonnabarn. *Corn* —2B **26**
Goodleigh. *Devn* —3A **6**
Goodrington. *Devn* —2C **31**
Goodstone. *Devn* —3B **20**
Goonbell. *Corn* —3D **25**
Goonhavern. *Corn* —2D **25**

Goonvrea. *Corn* —3D **25**
Gooseham. *Corn* —2A **10**
Goosewell. *Devn* —2D **29**
Gorran Churchtown. *Corn*
 —3B **26**
Gorran Haven. *Corn* —3C **27**
Goveton. *Devn* —3B **30**
Grampound. *Corn* —3B **26**
Grampound Road. *Corn*
 —2B **26**
Gratton. *Devn* —2B **10**
Great Bosullow. *Corn* —1C **33**
Great Potheridge. *Devn*
 —2D **11**
Great Torr. *Devn* —3A **30**
Great Torrington. *Devn*
 —2C **11**
Green Bottom. *Corn* —3D **25**
Greenham. *Dors* —3D **15**
Greenham. *Som* —1A **14**
Greinton. *Som* —3D **9**
Grenofen. *Devn* —3C **19**
Greylake. *Som* —3D **9**
Gridley Corner. *Devn* —2B **18**
Grimscott. *Corn* —3A **10**
Grindhill. *Devn* —1C **19**
Grinnacombe Moor. *Devn*
 —1C **19**
Guineaford. *Devn* —3D **5**
Gulval. *Corn* —1C **33**
Gunn. *Devn* —3A **6**
Gunnislake. *Corn* —3C **19**
Gupworthy. *Som* —3D **7**
Gweek. *Corn* —2B **34**
Gwennap. *Corn* —3D **25**
Gwenter. *Corn* —3B **34**
Gwinear. *Corn* —1A **34**
Gwithian. *Corn* —3B **24**

Halberton. *Devn* —2A **14**
Halford. *Devn* —3C **21**
Halgabron. *Corn* —2C **17**
Hallsands. *Devn* —3C **31**
Hallspill. *Devn* —1C **11**
Hallworthy. *Corn* —2D **17**
Halse. *Som* —1B **14**
Halsetown. *Corn* —1D **33**
Halsinger. *Devn* —3D **5**
Halstow. *Devn* —1C **21**
Halsway. *Som* —3B **8**
Halwell. *Devn* —2B **30**
Halwill. *Devn* —1C **19**
Halwill Junction. *Devn*
 —1C **19**
Ham. *Devn* —3C **15**
 (nr. Honiton)
Ham. *Devn* —2C **29**
 (nr. Plymouth)
Ham. *Som* —2C **15**
 (nr. Ilminster)
Ham. *Som* —1C **15**
 (nr. Taunton)
Hambridge. *Som* —1D **15**
Hamp. *Som* —3D **9**
Hampton. *Devn* —1C **23**
Hand and Pen. *Devn* —1A **22**
Handy Cross. *Devn* —1C **11**
Hannaborough. *Devn* —3D **11**
Hannaford. *Devn* —1A **12**
Harberton. *Devn* —2B **30**
Harbertonford. *Devn* —2B **30**
Harbourneford. *Devn* —1B **30**
Harcombe. *Devn* —1B **22**
Harcombe Bottom. *Devn*
 —1D **23**
Harcourt. *Corn* —1C **35**
Harford. *Devn* —2A **30**
Harleston. *Devn* —3B **30**
Harlyn. *Corn* —3A **16**
Harpford. *Devn* —1A **22**
Harracott. *Devn* —1D **11**

Harrowbarrow. *Corn* —1B **28**
Hartland. *Devn* —1A **10**
Hartland Quay. *Devn* —1A **10**
Hartswell. *Som* —1A **14**
Hatch Beauchamp. *Som*
 —1D **15**
Hatch Green. *Som* —2D **15**
Hatherleigh. *Devn* —3D **11**
Hatt. *Corn* —1B **28**
Hawkchurch. *Devn* —3D **15**
Hawkerland. *Devn* —2A **22**
Hawkridge. *Som* —3C **7**
Haydon. *Som* —1C **15**
Haye. *Corn* —1B **28**
Hayle. *Corn* —1D **33**
Hayne. *Devn* —3C **13**
Haytor Vale. *Devn* —3B **20**
Haytown. *Devn* —2B **10**
Heale. *Devn* —2A **6**
Heamoor. *Corn* —1C **33**
Heanton Punchardon. *Devn*
 —3D **5**
Heasley Mill. *Devn* —3B **6**
Heath Cross. *Devn* —1B **20**
Heathfield. *Devn* —3C **21**
Heathfield. *Som* —1B **14**
Heath House. *Som* —2D **9**
Heathstock. *Devn* —3C **15**
Heavitree. *Devn* —1D **21**
Heddon. *Devn* —1A **12**
Hedging. *Som* —1D **15**
Hele. *Devn* —3B **20**
 (nr. Ashburton)
Hele. *Devn* —3D **13**
 (nr. Exeter)
Hele. *Devn* —1B **18**
 (nr. Holsworthy)
Hele. *Devn* —2D **5**
 (nr. Ilfracombe)
Hele. *Devn* —1D **31**
 (nr. Torquay)
Helford. *Corn* —2B **34**
Helland. *Corn* —3C **17**
Helland. *Som* —1D **15**
Hellandbridge. *Corn* —3C **17**
Hellesveor. *Corn* —3B **24**
Helston. *Corn* —2A **34**
Helstone. *Corn* —2C **17**
Hemerdon. *Devn* —2D **29**
Hemyock. *Devn* —2B **14**
Hendra. *Corn* —2B **26**
Henford. *Devn* —1B **18**
Henlade. *Som* —1C **15**
Henley. *Som* —3D **9**
Hennock. *Devn* —2C **21**
Henwood. *Corn* —3A **18**
Herner. *Devn* —1D **11**
Herodsfoot. *Corn* —1A **28**
Hersham. *Corn* —3A **10**
Hessenford. *Corn* —2B **28**
Hewas Water. *Corn* —3B **26**
Hewish. *N.Sm* —1D **9**
Hewish. *Som* —3D **15**
Hexworthy. *Devn* —3A **20**
Heybrook Bay. *Devn* —3C **29**
Highampton. *Devn* —3C **11**
High Bickington. *Devn*
 —1A **12**
High Bray. *Devn* —3A **6**
Highbridge. *Som* —2D **9**
High Bullen. *Devn* —1D **11**
Higher Ashton. *Devn* —2C **21**
Higher Gabwell. *Devn*
 —1D **31**
Higher Porthpean. *Corn*
 —2C **27**
Higher Tale. *Devn* —3A **14**
Hightertown. *Corn* —3A **26**
Higher Town. *IOS* —1B **24**
Higher Town. *Som* —2D **7**
Higher Whiteleigh. *Corn*
 —1A **18**

High Ham. *Som* —3D **9**
High Lanes. *Corn* —3B **26**
High Street. *Corn* —2B **26**
Highweek. *Devn* —3C **21**
Hillerton. *Devn* —1B **20**
Hillfarrance. *Som* —1B **14**
Hillhead. *Devn* —2D **31**
Hillside. *Devn* —1B **30**
Hinton St George. *Som*
 —2D **15**
Hiscott. *Devn* —1D **11**
Hittisleigh. *Devn* —1B **20**
Hittisleigh Barton. *Devn*
 —1B **20**
Hockworthy. *Devn* —1B **14**
Hoe, The. *Devn* —2C **29**
Holbeton. *Devn* —3A **30**
Holcombe. *Devn* —3D **21**
Holcombe Rogus. *Devn*
 —2A **14**
Holditch. *Dors* —3D **15**
Holemoor. *Devn* —3C **11**
Holford. *Som* —2B **8**
Hollacombe. *Devn* —3B **11**
Hollocombe. *Devn* —2A **12**
Holmacott. *Devn* —1D **11**
Holmbush. *Corn* —2C **27**
Holne. *Devn* —1B **30**
Holsworthy. *Devn* —3B **10**
Holsworthy Beacon. *Devn*
 —3B **10**
Holywell. *Corn* —2D **25**
Holywell Lake. *Som* —1B **14**
Honeychurch. *Devn* —3A **12**
Honeymead. *Som* —3B **6**
Honiton. *Devn* —3B **14**
Hooe. *Devn* —2C **29**
Hookway. *Devn* —1C **21**
Horndon. *Devn* —2D **19**
Horner. *Som* —2D **7**
Horns Cross. *Devn* —1B **10**
Horrabridge. *Devn* —1D **29**
Horsebridge. *Devn* —3C **19**
Horsey. *Som* —3D **9**
Horton. *Som* —2D **15**
Horton Cross. *Som* —2D **15**
Horwood. *Devn* —1D **11**
Houndsmoor. *Som* —1B **14**
Howleigh. *Som* —2C **15**
Howley. *Som* —3C **15**
Huccaby. *Devn* —3A **20**
Hugh Town. *IOS* —1B **24**
Hugus. *Corn* —3D **25**
Huish Champflower. *Som*
 —1A **14**
Huish Episcopi. *Som*
 —1D **15**
Hulham. *Devn* —2A **22**
Humber. *Devn* —3D **21**
Hungerford. *Som* —2A **8**
Huntham. *Som* —1D **15**
Huntscott. *Som* —2D **7**
Huntsham. *Devn* —1A **14**
Huntshaw. *Devn* —1D **11**
Huntspill. *Som* —2D **9**
Huntstile. *Som* —3C **9**
Huntworth. *Som* —3D **9**
Hurcott. *Som* —2D **15**
Hursey. *Dors* —3D **15**
Hutcherleigh. *Devn* —2B **30**
Hutton. *N.Sm* —1D **9**
Huxham. *Devn* —1D **21**

Iddesleigh. *Devn* —3D **11**
Ide. *Devn* —1D **21**
Ideford. *Devn* —3C **21**
Idless. *Corn* —3A **26**
Ilford. *Som* —2D **15**
Ilfracombe. *Devn* —2D **5**
Illand. *Corn* —3A **18**
Illogan. *Corn* —3C **25**

38 Devon & Cornwall Regional Atlas

Illogan Highway. *Corn* —3C **25**
Ilminster. *Som* —2D **15**
Ilsington. *Devn* —3B **20**
Ilton. *Som* —2D **15**
Indian Queens. *Corn* —2B **26**
Ingleigh Green. *Devn* —3A **12**
Inner Hope. *Devn* —3A **30**
Instow. *Devn* —3C **5**
Inwardleigh. *Devn* —1D **19**
Ipplepen. *Devn* —1C **31**
Isle Abbotts. *Som* —1D **15**
Isle Brewers. *Som* —1D **15**
Itton. *Devn* —1A **20**
Ivybridge. *Devn* —2A **30**

Jacobstow. *Corn* —1D **17**
Jacobstowe. *Devn* —3D **11**

Kea. *Corn* —3A **26**
Keason. *Corn* —1B **28**
Kehelland. *Corn* —3C **25**
Kellacott. *Corn* —2C **19**
Kellaton. *Devn* —3C **31**
Kelly. *Devn* —2B **18**
Kelly Bray. *Corn* —3B **18**
Kelynack. *Corn* —1B **32**
Kenidjack. *Corn* —1B **32**
Kenn. *Devn* —2D **21**
Kenneggy Downs. *Corn* —2D **33**
Kennerleigh. *Devn* —3C **13**
Kennford. *Devn* —2D **21**
Kentisbeare. *Devn* —3A **14**
Kentisbury. *Devn* —2A **6**
Kentisbury Ford. *Devn* —2A **6**
Kenton. *Devn* —2D **21**
Kenwyn. *Corn* —3A **26**
Kerris. *Corn* —2C **33**
Kersbrook. *Devn* —2A **22**
Kerswell. *Devn* —3A **14**
Kestle. *Corn* —3B **26**
Kestle Mill. *Corn* —2A **26**
Kewstoke. *N.Sm* —1D **9**
Kilkhampton. *Corn* —2A **10**
Kilmington. *Devn* —1C **23**
Kilton. *Som* —2B **8**
Kilve. *Som* —2B **8**
Kingsand. *Corn* —2C **29**
Kingsbridge. *Devn* —3B **30**
Kingsbridge. *Som* —3D **9**
Kingsbury Episcopi. *Som* —1D **15**
Kingscott. *Devn* —2D **11**
Kingskerswell. *Devn* —1C **31**
King's Nympton. *Devn* —2A **12**
Kingsteignton. *Devn* —3C **21**
Kingston. *Devn* —3A **30**
Kingstone. *Som* —2D **15**
Kingston St Mary. *Som* —1C **15**
Kingswear. *Devn* —2C **31**
Kingswood. *Som* —3B **8**
Kittisford. *Som* —1A **14**
Knapp. *Som* —1D **15**
Knightacott. *Devn* —3A **6**
Knightcott. *N.Sm* —1D **9**
Knighton. *Devn* —3D **29**
Knighton. *Som* —2B **8**
Knowle. *Devn* —3C **5**
 (nr. Braunton)
Knowle. *Devn* —2A **22**
 (nr. Budleigh Salterton)
Knowle. *Devn* —3B **12**
 (nr. Crediton)
Knowle St Giles. *Som* —2D **15**
Knowstone. *Devn* —1C **13**
Kuggar. *Corn* —3B **34**

Kyrle. *Som* —1A **14**

Ladock. *Corn* —2A **26**
Ladycross. *Corn* —2B **18**
Lake. *Devn* —3D **5**
Lambrook. *Som* —1C **15**
Lamellion. *Corn* —1A **28**
Lamerton. *Devn* —3C **19**
Lamorick. *Corn* —1C **27**
Lamorna. *Corn* —2C **33**
Lamorran. *Corn* —3A **26**
Lana. *Devn* —1B **18**
 (nr. Ashwater)
Lana. *Devn* —3B **10**
 (nr. Holsworthy)
Lanarth. *Corn* —2B **34**
Landcross. *Corn* —1C **11**
Landewednack. *Corn* —3B **34**
Landkey Newland. *Devn* —3D **5**
Landkey Town. *Devn* —3D **5**
Landrake. *Corn* —1B **28**
Landscove. *Devn* —1B **30**
Landulph. *Corn* —1C **29**
Lane. *Corn* —1A **26**
Laneast. *Corn* —2A **18**
Langdon. *Corn* —1A **18**
 (nr. Bude)
Langdon. *Corn* —1B **18**
 (nr. Launceston)
Langford. *Devn* —3A **14**
Langford Budville. *Som* —1B **14**
Langley. *Som* —1A **14**
Langley Marsh. *Som* —1A **14**
Langore. *Corn* —2B **18**
Langport. *Som* —1D **15**
Langridgeford. *Devn* —1D **11**
Langtree. *Devn* —2C **11**
Lanivet. *Corn* —1C **27**
Lanjeth. *Corn* —2B **26**
Lank. *Corn* —3C **17**
Lanlivery. *Corn* —1C **27**
Lanner. *Corn* —1B **34**
Lanreath. *Corn* —2D **27**
Lansallos. *Corn* —2D **27**
Lanteglos Highway. *Corn* —2D **27**
Lanvean. *Corn* —1A **26**
Lapford. *Devn* —3B **12**
Latchley. *Corn* —3C **19**
Launcells. *Corn* —3A **10**
Launceston. *Corn* —2B **18**
Lawhitton. *Corn* —2B **18**
Laymore. *Dors* —3D **15**
Ledstone. *Devn* —3B **30**
Lee. *Devn* —2C **5**
 (nr. Ilfracombe)
Lee. *Devn* —1C **13**
 (nr. South Molton)
Leedstown. *Corn* —1A **34**
Lee Mill Bridge. *Devn* —2D **29**
Lee Moor. *Devn* —1D **29**
Leigham. *Devn* —2D **29**
Leighland Chapel. *Som* —3A **8**
Lelant. *Corn* —1D **33**
Lelant Downs. *Corn* —1D **33**
Lerryn. *Corn* —2D **27**
Lesnewth. *Corn* —1D **17**
Lettaford. *Devn* —2B **20**
Leusdon. *Devn* —3B **20**
Lewannick. *Corn* —2A **18**
Lewdown. *Devn* —2C **19**
Leworthy. *Devn* —3A **6**
 (nr. Barnstaple)
Leworthy. *Devn* —3B **10**
 (nr. Holsworthy)
Lewthorn Cross. *Devn* —3B **20**

Lewtrenchard. *Devn* —2C **19**
Ley. *Corn* —1D **27**
Lezant. *Corn* —3B **18**
Liddaton. *Devn* —2C **19**
Lifton. *Devn* —2B **18**
Liftondown. *Devn* —2B **18**
Lillesdon. *Som* —1D **15**
Lilstock. *Som* —2B **8**
Linkinhorne. *Corn* —3B **18**
Liscombe. *Som* —3C **7**
Liskeard. *Corn* —1A **28**
Littleham. *Devn* —1C **11**
 (nr. Bideford)
Littleham. *Devn* —2A **22**
 (nr. Exmouth)
Littlehempston. *Devn* —1C **31**
Little Petherick. *Corn* —3B **16**
Little Potheridge. *Devn* —2D **11**
Little Torrington. *Devn* —2C **11**
Littlewindsor. *Dors* —3D **15**
Liverton. *Devn* —3C **21**
Lizard. *Corn* —3B **34**
Lobb. *Devn* —3C **5**
Lobhilcross. *Devn* —2C **19**
Lockengate. *Corn* —1C **27**
Locking. *N.Sm* —1D **9**
Loddiswell. *Devn* —3B **30**
London Apprentice. *Corn* —2C **27**
Longdown. *Devn* —1C **21**
Longdowns. *Corn* —1B **34**
Long Rock. *Corn* —1D **33**
Looe. *Corn* —2A **28**
Lopen. *Som* —2D **15**
Lostwithiel. *Corn* —2D **27**
Lower Amble. *Corn* —3B **16**
Lower Ashton. *Devn* —2C **21**
Lower Dean. *Devn* —1B **30**
Lower Drift. *Corn* —2C **33**
Lower Gabwell. *Devn* —1D **31**
Lower Loxhore. *Devn* —3A **6**
Lower Tale. *Devn* —3A **14**
Lowertown. *Corn* —2A **34**
Lower Town. *Devn* —3B **20**
Lower Town. *IOS* —1B **24**
Lower Vexford. *Som* —3B **8**
Lower Wear. *Devn* —2D **21**
Lower Weare. *Som* —1D **9**
Lower Yelland. *Devn* —3C **5**
Low Ham. *Som* —1D **15**
Lowton. *Devn* —3A **12**
Lowton. *Som* —2B **14**
Loxbeare. *Devn* —2D **13**
Loxhore. *Devn* —3A **6**
Loxton. *N.Sm* —1D **9**
Luccombe. *Som* —2D **7**
Luckett. *Corn* —3B **18**
Luckwell Bridge. *Som* —3D **7**
Ludgvan. *Corn* —1D **33**
Luffincot. *Devn* —1B **18**
Luppitt. *Devn* —3B **14**
Lupridge. *Devn* —2B **30**
Luscombe. *Devn* —2B **30**
Luson. *Devn* —3A **30**
Lustleigh. *Devn* —2B **20**
Luton. *Devn* —3A **14**
 (nr. Honiton)
Luton. *Devn* —3D **21**
 (nr. Teignmouth)
Lutton. *Devn* —2D **29**
 (nr. Ivybridge)
Lutton. *Devn* —1A **30**
 (nr. South Brent)
Lutworthy. *Devn* —2B **12**
Luxborough. *Som* —3D **7**
Luxulyan. *Corn* —2C **27**
Lydcott. *Devn* —3A **6**
Lydeard St Lawrence. *Som* —3B **8**
Lydford. *Devn* —2D **19**

Lyme Regis. *Dors* —1D **23**
Lympsham. *Som* —1D **9**
Lympstone. *Devn* —2D **21**
Lynbridge. *Devn* —2B **6**
Lynch. *Som* —2D **7**
Lyng. *Som* —1D **15**
Lynmouth. *Devn* —2B **6**
Lynstone. *Corn* —3A **10**
Lynton. *Devn* —2B **6**

Mabe Burnthouse. *Corn* —1B **34**
Maddaford. *Devn* —1D **19**
Madford. *Devn* —2B **14**
Madron. *Corn* —1C **33**
Maenporth. *Corn* —2B **34**
Maidencombe. *Devn* —1D **31**
Maidenhayne. *Devn* —1C **23**
Maidenwell. *Corn* —3D **17**
Malborough. *Devn* —3B **30**
Malmsmead. *Devn* —2B **6**
Malpas. *Corn* —3A **26**
Manaccan. *Corn* —2B **34**
Manaton. *Devn* —2B **20**
Manley. *Devn* —2D **13**
Marazion. *Corn* —1D **33**
Mare Green. *Som* —1D **15**
Marhamchurch. *Corn* —3A **10**
Mariansleigh. *Devn* —1B **12**
Maristow. *Devn* —1C **29**
Mark. *Som* —2D **9**
Mark Causeway. *Som* —2D **9**
Markwell. *Corn* —2B **28**
Marldon. *Devn* —1C **31**
Marsh. *Devn* —2C **15**
Marshalsea. *Dors* —3D **15**
Marshgate. *Corn* —1D **17**
Marsh Green. *Devn* —1A **22**
Marsh Street. *Som* —2D **7**
Marshwood. *Dors* —1D **23**
Martinhoe. *Devn* —2A **6**
Martinhoe Cross. *Devn* —2A **6**
Marwood. *Devn* —3D **5**
Maryfield. *Corn* —2C **29**
Marystow. *Devn* —2C **19**
Mary Tavy. *Devn* —3D **19**
Maudlin. *Corn* —1C **27**
Mawgan. *Corn* —2B **34**
Mawla. *Corn* —3D **25**
Mawnan. *Corn* —2B **34**
Mawnan Smith. *Corn* —2B **34**
Maxworthy. *Corn* —1A **18**
Maypole. *IOS* —1B **24**
Mead. *Devn* —2A **10**
Meadwell. *Devn* —2C **19**
Meare Green. *Som* —1C **15**
Meavy. *Devn* —1D **29**
Meddon. *Devn* —2A **10**
Meeth. *Devn* —3D **11**
Meldon. *Devn* —1D **19**
Membury. *Devn* —3C **15**
Menabilly. *Corn* —2C **27**
Menheniot. *Corn* —1A **28**
Menna. *Corn* —2B **26**
Merridge. *Som* —3C **9**
Merriott. *Som* —2D **15**
Merrivale. *Devn* —3D **19**
Merrymeet. *Corn* —1A **28**
Merther. *Corn* —3A **26**
Merton. *Devn* —2D **11**
Meshaw. *Devn* —2B **12**
Metcombe. *Devn* —1A **22**
Metherell. *Corn* —1C **29**
Mevagissey. *Corn* —3C **27**
Michaelcombe. *Devn* —1A **30**
Michaelstow. *Corn* —3C **17**
Middlecott. *Devn* —2B **20**
Middle Marwood. *Devn* —3D **5**

Middle Stoughton. *Som* —2D **9**
Middle Taphouse. *Corn* —1D **27**
Middle Town. *IOS* —1B **24**
Middlewood. *Corn* —3A **18**
Middlezoy. *Som* —3D **9**
Mid Lambrook. *Som* —2D **15**
Milford. *Devn* —1A **10**
Millbrook. *Corn* —2C **29**
Millhayes. *Devn* —3C **15**
 (nr. Honiton)
Millhayes. *Devn* —2B **14**
 (nr. Wellington)
Millpool. *Corn* —3D **17**
Milltown. *Corn* —2D **27**
Milltown. *Devn* —3D **5**
Milton. *N.Sm* —1D **9**
Milton Abbot. *Devn* —3C **19**
Milton Combe. *Devn* —1C **29**
Milton Damerel. *Devn* —2B **10**
Milton Hill. *Devn* —3D **21**
Milverton. *Som* —1B **14**
Minehead. *Som* —2D **7**
Minions. *Corn* —3A **18**
Misterton. *Som* —3D **15**
Mitchell. *Corn* —2A **26**
Mithian. *Corn* —2D **25**
Modbury. *Devn* —2A **30**
Mogworthy. *Devn* —2C **13**
Molland. *Devn* —1C **13**
Monkleigh. *Devn* —1C **11**
Monkokehampton. *Devn* —3D **11**
Monksilver. *Som* —3A **8**
Monkton. *Devn* —3B **14**
Monkton Heathfield. *Som* —1C **15**
Monkton Wyld. *Dors* —1D **23**
Moor Cross. *Devn* —2A **30**
Moorland. *Som* —3D **9**
Moorlinch. *Som* —3D **9**
Moorpath. *Dors* —1D **23**
Moortown. *Devn* —1B **18**
Morchard Bishop. *Devn* —3B **12**
Morcombelake. *Dors* —1D **23**
Morebath. *Devn* —1D **13**
Moreleigh. *Devn* —2B **30**
Moretonhampstead. *Devn* —2B **20**
Mortehoe. *Devn* —2C **5**
Morvah. *Corn* —1C **33**
Morval. *Corn* —2A **28**
Morwenstow. *Corn* —2A **10**
Mothecombe. *Devn* —3A **30**
Mount. *Corn* —1D **27**
 (nr. Bodmin)
Mount. *Corn* —2D **25**
 (nr. Newquay)
Mount Ambrose. *Corn* —3D **25**
Mount Hawke. *Corn* —3D **25**
Mountjoy. *Corn* —1A **26**
Mousehole. *Corn* —2C **33**
Muchelney. *Som* —1D **15**
Muchelney Ham. *Som* —1D **15**
Muchlarnick. *Corn* —2A **28**
Muddiford. *Devn* —3D **5**
Mudgley. *Som* —2D **9**
Mullacott. *Devn* —2D **5**
Mullion. *Corn* —3A **34**
Murchington. *Devn* —2A **20**
Musbury. *Devn* —1C **23**
Mutterton. *Devn* —3A **14**
Mylor Bridge. *Corn* —1C **35**

Nailsbourne. *Som* —1C **15**
Nancegollan. *Corn* —1A **34**

Devon & Cornwall Regional Atlas 39

Nancekuke. *Corn* —3C **25**
Nancledra. *Corn* —1D **33**
Nanpean. *Corn* —2B **26**
Nanstallon. *Corn* —1C **27**
Narkurs. *Corn* —2B **28**
Natcott. *Devn* —1A **10**
Nethercott. *Corn* —3C **5**
Nether Exe. *Devn* —3D **13**
Nether Stowey. *Som* —3B **8**
Netherton. *Devn* —3C **21**
Netton. *Devn* —3D **29**
Newbridge. *Corn* —1C **33**
Newbuildings. *Devn* —3B **12**
Newcott. *Devn* —3C **15**
New Grimsby. *IOS* —1A **24**
Newland. *Som* —3C **7**
Newlyn. *Corn* —2C **33**
Newlyn East. *Corn* —2A **26**
New Mill. *Corn* —1C **33**
New Mills. *Corn* —2B **26**
New Polzeath. *Corn* —3B **16**
Newport. *Corn* —2B **18**
Newport. *Devn* —3D **5**
Newport. *Som* —1D **15**
Newquay. *Corn* —1A **26**
Newton. *Corn* —3B **8**
Newton Abbot. *Devn* —3C **21**
Newton Ferrers. *Devn*
—3D **29**
Newton Poppleford. *Devn*
—2A **22**
Newton St Cyres. *Devn*
—1C **21**
Newton St Petrock. *Devn*
—2C **11**
Newton Tracey. *Devn*
—1D **11**
Newtown. *Corn* —2B **34**
(nr. Helston)
Newtown. *Corn* —3A **18**
(nr. Launceston)
Newtown. *Devn* —1B **12**
Newtown. *Som* —2C **15**
Nicholashayne. *Devn* —2B **14**
Nightcott. *Som* —1C **13**
Nomansland. *Devn* —2C **13**
Norman's Green. *Devn*
—3A **14**
Northam. *Devn* —1C **11**
Northay. *Som* —2C **15**
North Bovey. *Devn* —2B **20**
North Brentor. *Devn* —2C **19**
North Buckland. *Devn* —2C **5**
North Chideock. *Dors*
—1D **23**
North Coombe. *Devn* —2C **13**
Northcott. *Devn* —1B **18**
North Curry. *Som* —1D **15**
Northfield. *Som* —3C **9**
North Heasley. *Devn* —3B **6**
North Hill. *Corn* —3A **18**
North Huish. *Devn* —2B **30**
Northleigh. *Devn* —3A **6**
(nr. Barnstaple)
Northleigh. *Devn* —1B **22**
(nr. Honiton)
Northlew. *Devn* —1D **19**
North Molton. *Devn* —1B **12**
Northmoor Green. *Som*
—3D **9**
North Morte. *Devn* —2C **5**
North Newton. *Som* —3C **9**
North Petherton. *Som* —3C **9**
North Petherwin. *Corn*
—2A **18**
North Quarme. *Som* —3D **7**
North Radworthy. *Devn*
—3B **6**
North Tamerton. *Corn*
—1B **18**
North Tawton. *Devn* —3A **12**
North Town. *Devn* —3D **11**

North Whilborough. *Devn*
—1C **31**
Northwick. *Som* —2D **9**
Norton. *Devn* —2C **31**
Norton Fitzwarren. *Som*
—1C **15**
Noss Mayo. *Devn* —3D **29**
Nymet Rowland. *Devn*
—3B **12**
Nymet Tracey. *Devn* —3B **12**
Nynehead. *Som* —1B **14**

Oake. *Som* —1B **14**
Oakford. *Devn* —1D **13**
Oakfordbridge. *Devn* —1D **13**
Oare. *Som* —2C **7**
Oareford. *Som* —2C **7**
Oath. *Som* —1D **15**
Offwell. *Devn* —1B **22**
Okehampton. *Devn* —1D **19**
Okehampton Camp. *Devn*
—1D **19**
Oldborough. *Devn* —3B **12**
Old Cleeve. *Som* —2A **8**
Old Grimsby. *IOS* —1A **24**
Old Kea. *Corn* —3A **26**
Oldmill. *Corn* —3B **18**
Oldmixon. *N.Sm* —1D **9**
Oldridge. *Devn* —1C **21**
Old Town. *IOS* —1B **24**
Oldways End. *Som* —1C **13**
Orchard Hill. *Devn* —1C **11**
Orchard Portman. *Som*
—1C **15**
Othery. *Som* —3D **9**
Otterham. *Corn* —1D **17**
Otterhampton. *Som* —2C **9**
Otterton. *Devn* —2A **22**
Ottery St Mary. *Devn* —1B **22**
Outer Hope. *Devn* —3A **30**
Over Stowey. *Som* —3B **8**
Over Stratton. *Som* —2D **15**
Oxenpill. *Som* —2D **9**

Padson. *Devn* —1D **19**
Padstow. *Corn* —3B **16**
Paignton. *Devn* —1C **31**
Pancrasweek. *Devn* —3A **10**
Par. *Corn* —2C **27**
Park Bottom. *Corn* —3C **25**
Parkfield. *Corn* —1B **28**
Parkham. *Devn* —1B **10**
Parkham Ash. *Devn* —1B **10**
Parracombe. *Devn* —2A **6**
Patchacott. *Devn* —1C **19**
Patchole. *Devn* —2A **6**
Pathe. *Som* —3D **9**
Paul. *Corn* —2C **33**
Pawlett. *Som* —2D **9**
Payhembury. *Devn* —3A **14**
Pedwell. *Som* —3D **9**
Pelynt. *Corn* —2A **28**
Penbeagle. *Corn* —1D **33**
Pencarrow. *Corn* —2D **17**
Pendeen. *Corn* —1B **32**
Pendoggett. *Corn* —3C **17**
Penelewey. *Corn* —3A **26**
Pengelly. *Corn* —2C **17**
Pengover Green. *Corn*
—1A **28**
Penhale. *Corn* —3A **34**
(nr. Mullion)
Penhale. *Corn* —2B **26**
(nr. St Austell)
Penhale Camp. *Corn* —2D **25**
Penhallow. *Corn* —2D **25**
Penhalurick. *Corn* —1B **34**
Penmarth. *Corn* —1B **34**
Penn. *Dors* —1D **23**
Pennsylvania. *Devn* —1D **21**

Pennycross. *Devn* —2C **29**
Pennymoor. *Devn* —2C **13**
Penpillick. *Corn* —2C **27**
Penpol. *Corn* —1C **35**
Penpoll. *Corn* —2D **27**
Penponds. *Corn* —1A **34**
Penpont. *Corn* —3C **17**
Penquit. *Devn* —2A **30**
Penrose. *Corn* —3A **16**
Penryn. *Corn* —1B **34**
Pensilva. *Corn* —1A **28**
Penstone. *Devn* —3B **12**
Pentewan. *Corn* —3C **27**
Pentire. *Corn* —1C **25**
Penwithick. *Corn* —2C **27**
Penzance. *Corn* —2C **33**
Penzance Heliport. *Corn*
—1C **33**
Periton. *Som* —2D **7**
Perranarworthal. *Corn*
—1B **34**
Perranporth. *Corn* —2D **25**
Perranuthnoe. *Corn* —2D **33**
Perranwell. *Corn* —1B **34**
Perranzabuloe. *Corn* —2D **25**
Perry Street. *Som* —3D **15**
Peters Marland. *Devn* —2C **11**
Peter Tavy. *Devn* —3D **19**
Petherwin Gate. *Corn* —2A **18**
Petrockstowe. *Devn* —3D **11**
Petton. *Devn* —1A **14**
Philham. *Devn* —1A **10**
Phillack. *Corn* —1D **33**
Philleigh. *Corn* —1C **35**
Pibsbury. *Som* —1D **15**
Pickwell. *Devn* —2C **5**
Pightley. *Som* —3C **9**
Pillaton. *Corn* —1B **28**
Pilsdon. *Dors* —1D **23**
Pinhoe. *Devn* —1D **21**
Pipers Pool. *Corn* —2A **18**
Pippacott. *Devn* —3D **5**
Pitminster. *Som* —2C **15**
Pitsford Hill. *Som* —3B **8**
Pityme. *Corn* —3B **16**
Plaidy. *Corn* —2A **28**
Plainsfield. *Som* —3B **8**
Playing Place. *Corn* —3A **26**
Plushabridge. *Corn* —3B **18**
Plymouth. *Devn* —2C **29**
Plymouth Airport. *Devn*
—1D **29**
Plympton. *Devn* —2D **29**
Plymstock. *Devn* —2D **29**
Plymtree. *Devn* —3A **14**
Polbathic. *Corn* —2B **28**
Polbrock. *Corn* —1C **27**
Polgooth. *Corn* —2B **26**
Polkerris. *Corn* —2C **27**
Polmassick. *Corn* —3B **26**
Polperro. *Corn* —2A **28**
Polruan. *Corn* —2D **27**
Polscoe. *Corn* —1D **27**
Poltescoe. *Corn* —3B **34**
Poltimore. *Devn* —1D **21**
Polyphant. *Corn* —2A **18**
Polzeath. *Corn* —3B **16**
Ponsanooth. *Corn* —1B **34**
Ponsongath. *Corn* —3B **34**
Ponsworthy. *Devn* —3B **20**
Pool. *Corn* —3C **25**
Pool. *IOS* —1A **24**
Porkellis. *Corn* —1A **34**
Porlock. *Som* —2C **7**
Porlock Wier. *Som* —2C **7**
Portgate. *Devn* —2C **19**
Port Gaverne. *Corn* —2C **17**
Porthallow. *Corn* —2A **28**
(nr. Looe)
Porthallow. *Corn* —2B **34**
(nr. St Keverne)
Porthcothan. *Corn* —3A **16**

Porthcurno. *Corn* —2B **32**
Porthgwarra. *Corn* —2B **32**
Porthleven. *Corn* —2A **34**
Porth Mellin. *Corn* —3A **34**
Porthmeor. *Corn* —1C **33**
Porth Navas. *Corn* —2B **34**
Portholland. *Corn* —3B **26**
Porthoustock. *Corn* —2C **35**
Porthtowan. *Corn* —3C **25**
Port Isaac. *Corn* —2B **16**
Portloe. *Corn* —1D **35**
Portmellon. *Corn* —3C **27**
Port Quin. *Corn* —2B **16**
Portreath. *Corn* —3C **25**
Portscatho. *Corn* —1C **35**
Portwrinkle. *Corn* —2B **28**
Postbridge. *Devn* —3A **20**
Poughill. *Corn* —3A **10**
Poughill. *Devn* —3C **13**
Poundsgate. *Devn* —3B **20**
Poundstock. *Corn* —1A **18**
Powderham. *Devn* —2D **21**
Praa Sands. *Corn* —2D **33**
Praze-an-Beeble. *Corn*
—1A **34**
Prescott. *Devn* —2A **14**
Preston. *Devn* —3C **21**
Preston Bowyer. *Som*
—1B **14**
Princetown. *Devn* —3D **19**
Prixford. *Devn* —3D **5**
Probus. *Corn* —3B **26**
Puckington. *Som* —2D **15**
Puddington. *Devn* —2C **13**
Puriton. *Som* —2D **9**
Purtington. *Som* —3D **15**
Putsborough. *Devn* —2C **5**
Pyworthy. *Devn* —3B **10**

Queen Dart. *Devn* —2C **13**
Quethiock. *Corn* —1B **28**
Quintrell Downs. *Corn*
—1A **26**
Quoditch. *Devn* —1C **19**

Rackenford. *Devn* —2C **13**
Raleigh. *Som* —2A **22**
Rame. *Corn* —1B **34**
Rame. *Devn* —3C **29**
Ramsley. *Devn* —1A **20**
Rapps. *Som* —2D **15**
Ratherton. *Devn* —3B **10**
Rattery. *Devn* —1B **30**
Rawridge. *Devn* —3C **15**
Raymond's Hill. *Devn*
—1D **23**
Readymoney. *Corn* —2D **27**
Rea Hill. *Devn* —2D **31**
Redgate. *Corn* —1A **28**
Red Post. *Corn* —3A **10**
Redruth. *Corn* —3D **25**
Rejerrah. *Corn* —2A **26**
Releath. *Corn* —1A **34**
Relubbus. *Corn* —1D **33**
Rescassa. *Corn* —3B **26**
Rescorla. *Corn* —3B **26**
Retire. *Corn* —1C **27**
Retyn. *Corn* —2A **26**
Rew. *Devn* —3B **30**
Rewe. *Devn* —1D **21**
Rexon. *Devn* —2C **19**
Rezare. *Corn* —3B **18**
Rickham. *Devn* —3B **30**
Riddlecombe. *Devn* —2A **12**
Rilla Mill. *Corn* —3A **18**
Ringmore. *Devn* —3A **30**
(nr. Kingsbridge)
Ringmore. *Devn* —3D **21**
(nr. Teignmouth)
Rinsey. *Corn* —2D **33**

Roachill. *Devn* —1C **13**
Roadwater. *Som* —3A **8**
Roborough. *Devn* —2D **11**
(nr. Great Torrington)
Roborough. *Devn* —1D **29**
(nr. Plymouth)
Roche. *Corn* —1B **26**
Rock. *Corn* —3B **16**
Rockbeare. *Devn* —1A **22**
Rockhead. *Corn* —2C **17**
Rockwell Green. *Som*
—2B **14**
Rodhuish. *Som* —3A **8**
Rodway. *Som* —2C **9**
Romansleigh. *Devn* —1B **12**
Rooks Bridge. *Som* —1D **9**
Rooks Nest. *Som* —3A **8**
Rose. *Corn* —2D **25**
Rose Ash. *Devn* —1B **12**
Rosemary Lane. *Devn*
—2B **14**
Rosenannon. *Corn* —1B **26**
Rosevean. *Corn* —2C **27**
Roseworthy. *Corn* —1A **34**
Roskorwell. *Corn* —2B **34**
Rosudgeon. *Corn* —2D **33**
Roundham. *Som* —3D **15**
Round Hill. *Corn* —1D **31**
Rousdon. *Devn* —1C **23**
Row. *Corn* —3C **17**
Rowden. *Devn* —1A **20**
Royston Water. *Som* —2C **15**
Ruan High Lanes. *Corn*
—1D **35**
Ruan Lanihorne. *Corn*
—3A **26**
Ruan Minor. *Corn* —3B **34**
Ruishton. *Som* —1C **15**
Rumford. *Corn* —3A **16**
Rumwell. *Som* —1B **14**
Rundlestone. *Devn* —3D **19**
Runnington. *Som* —1B **14**
Rushford. *Devn* —3C **19**
Ruthernbridge. *Corn* —1C **27**
Ruthvoes. *Corn* —1B **26**
Ryall. *Dors* —1D **23**

St Agnes. *Corn* —2D **25**
St Allen. *Corn* —2A **26**
St Ann's Chapel. *Corn*
—3C **19**
St Ann's Chapel. *Devn*
—3A **30**
St Anthony. *Corn* —2B **34**
(nr. Helford)
St Anthony. *Corn* —1C **35**
(nr. St Mawes)
St Austell. *Corn* —2C **27**
St Blazey. *Corn* —2C **27**
St Blazey Gate. *Corn* —2C **27**
St Breock. *Corn* —3B **16**
St Breward. *Corn* —3C **17**
St Budeaux. *Devn* —2C **29**
St Buryan. *Corn* —2C **33**
St Cleer. *Corn* —1A **28**
St Clement. *Corn* —3A **26**
St Clether. *Corn* —2A **18**
St Columb Major. *Corn*
—1B **26**
St Columb Minor. *Corn*
—1A **26**
St Columb Road. *Corn*
—2B **26**
St Day. *Corn* —3D **25**
St Dennis. *Corn* —2B **26**
St Dominick. *Corn* —1B **28**
St Endellion. *Corn* —3B **16**
St Enoder. *Corn* —2A **26**
St Erme. *Corn* —3A **26**
St Erney. *Corn* —2B **28**
St Erth. *Corn* —1D **33**

St Erth Praze. *Corn* —1D **33**
St Ervan. *Corn* —3A **16**
St Eval. *Corn* —1A **26**
St Ewe. *Corn* —3B **26**
St Gennys. *Corn* —1D **17**
St George's. *N.Sm* —1D **9**
St Germans. *Corn* —2B **28**
St Giles in the Wood. *Devn*
—2D **11**
St Giles on the Heath. *Devn*
—1B **18**
St Gluvias. *Corn* —1B **34**
St Hilary. *Corn* —1D **33**
Saint Hill. *Devn* —3A **14**
St Issey. *Corn* —3B **16**
St Ive. *Corn* —1B **28**
St Ives. *Corn* —3B **24**
St Jidgey. *Corn* —1B **26**
St John. *Corn* —2C **29**
St John's Chapel. *Devn*
—1D **11**
St Just. *Corn* —1C **35**
(nr. Falmouth)
St Just. *Corn* —1B **32**
(nr. Penzance)
St Just in Roseland. *Corn*
—1C **35**
St Keverne. *Corn* —2B **34**
St Kew. *Corn* —3C **17**
St Kew Highway. *Corn*
—3C **17**
St Keyne. *Corn* —1A **28**
St Lawrence. *Corn* —1C **27**
St Levan. *Corn* —2B **32**
St Mabyn. *Corn* —3C **17**
St Martin. *Corn* —2A **28**
St Martin's Green. *Corn*
—2B **34**
St Marychurch. *Devn* —1D **31**
St Mary's Airport. *IOS*
—1B **24**
St Mawes. *Corn* —1C **35**
St Mawgan. *Corn* —1A **26**
St Mawgan Airport. *Corn*
—1A **26**
St Mellion. *Corn* —1B **28**
St Merryn. *Corn* —3A **16**
St Mewan. *Corn* —2B **26**
St Michael Caerhays. *Corn*
—3B **26**
St Michael Penkevil. *Corn*
—3A **26**
St Michaels. *Devn* —2C **31**
St Minver. *Corn* —3B **16**
St Neot. *Corn* —1D **27**
St Pinnock. *Corn* —1A **28**
St Ruan. *Corn* —3B **34**
St Stephen. *Corn* —2B **26**
St Stephens. *Corn* —2B **18**
(nr. Launceston)
St Stephens. *Corn* —2C **29**
(nr. Saltash)
St Teath. *Corn* —2C **17**
St Thomas. *Devn* —1D **21**
St Tudy. *Corn* —3C **17**
St Veep. *Corn* —2D **27**
St Wenn. *Corn* —1B **26**
St Winnolls. *Corn* —2B **28**
Salcombe. *Devn* —3B **30**
Salcombe Regis. *Devn*
—2B **22**
Saltash. *Corn* —2C **29**
Saltrens. *Devn* —1C **11**
Sampford Arundel. *Som*
—2B **14**
Sampford Brett. *Som* —2A **8**
Sampford Courtenay. *Devn*
—3A **12**
Sampford Peverell. *Devn*
—2A **14**
Sampford Spiney. *Devn*
—3D **19**

Sancreed. *Corn* —2C **33**
Sand. *Som* —2D **9**
Sandford. *Devn* —3C **13**
Sandford. *N.Sm* —1D **9**
Sandplace. *Corn* —2A **28**
Sandygate. *Devn* —3C **21**
Sandypark. *Devn* —2B **20**
Satterleigh. *Devn* —1A **12**
Saunton. *Devn* —3C **5**
Scorrier. *Corn* —3D **25**
Scorriton. *Devn* —1B **30**
Sea. *Som* —2D **15**
Seaborough. *Dors* —3D **15**
Seaton. *Corn* —2B **28**
Seaton. *Devn* —1C **23**
Seaton Junction. *Devn*
—1C **23**
Seatown. *Dors* —1D **23**
Seavington St Mary. *Som*
—2D **15**
Seavington St Michael. *Som*
—2D **15**
Selworthy. *Som* —2D **7**
Sennen. *Corn* —2B **32**
Sennen Cove. *Corn* —2B **32**
Seven Ash. *Som* —3B **8**
Seworgan. *Corn* —1B **34**
Shaldon. *Devn* —3D **21**
Shallowford. *Devn* —2B **6**
Shapwick. *Som* —3D **9**
Shaugh Prior. *Devn* —1D **29**
Shearston. *Som* —3C **9**
Shebbear. *Devn* —3C **11**
Sheepstor. *Devn* —1D **29**
Sheepwash. *Devn* —3C **11**
Sheldon. *Devn* —3B **14**
Shepton Beauchamp. *Som*
—2D **15**
Sherford. *Devn* —3B **30**
Sherwood Green. *Devn*
—1D **11**
Sheviock. *Corn* —2B **28**
Shillingford. *Devn* —1D **13**
Shillingford St George. *Devn*
—2D **21**
Shinner's Bridge. *Devn*
—1B **30**
Shipham. *Som* —1D **9**
Shiphay. *Devn* —1C **31**
Shirwell. *Devn* —3D **5**
Shirwell Cross. *Devn* —3D **5**
Shobrooke. *Devn* —3C **13**
Shop. *Corn* —2A **10**
(nr. Bude)
Shop. *Corn* —3A **16**
(nr. Padstow)
Shop. *Devn* —2B **10**
Shoreditch. *Corn* —1C **15**
Shortacombe. *Devn* —2D **19**
Shortlanesend. *Corn* —3A **26**
Shorton. *Devn* —1C **31**
Shurton. *Som* —2C **9**
Shute. *Devn* —1C **23**
(nr. Axminster)
Shute. *Devn* —3C **13**
(nr. Crediton)
Sid. *Devn* —2B **22**
Sidbury. *Devn* —1B **22**
Sidcot. *N.Sm* —1D **9**
Sidford. *Devn* —1B **22**
Sidmouth. *Devn* —2B **22**
Sierra. *Devn* —1B **10**
Sigford. *Devn* —3B **20**
Silverton. *Devn* —3D **13**
Simonsbath. *Som* —3B **6**
Sithney. *Corn* —2A **34**
Skilgate. *Som* —1D **13**
Slade. *Devn* —2D **5**
Sladesbridge. *Corn* —3C **17**
Slapton. *Devn* —3C **31**
Sloncombe. *Devn* —2B **20**
Slough Green. *Som* —1C **15**

Smallbrook. *Devn* —1C **21**
Smallridge. *Devn* —3D **15**
Smeatharpe. *Devn* —2C **15**
Smithincott. *Devn* —2A **14**
Soldon Cross. *Devn* —2B **10**
Sourton. *Devn* —1D **19**
South Allington. *Devn*
—3B **30**
South Brent. *Devn* —1B **30**
South Chard. *Som* —3D **15**
Southcott. *Corn* —2C **11**
(nr. Great Torrington)
Southcott. *Devn* —1D **19**
(nr. Okehampton)
Southerly. *Devn* —2D **19**
Southerton. *Devn* —1A **22**
South Hill. *Corn* —3B **18**
South Hole. *Devn* —1A **10**
South Huish. *Devn* —3A **30**
Southleigh. *Devn* —1C **23**
South Milton. *Devn* —3B **30**
South Molton. *Devn* —1B **12**
South Petherton. *Som*
—2D **15**
South Petherwin. *Corn*
—2B **18**
South Pool. *Devn* —3B **30**
South Radworthy. *Devn*
—3B **6**
South Tawton. *Devn* —1A **20**
South Town. *Devn* —2D **21**
South Wheatley. *Corn*
—1A **18**
South Zeal. *Devn* —1A **20**
Sowton. *Devn* —1D **21**
Sparkwell. *Devn* —2C **29**
Spaxton. *Som* —3C **9**
Splatt. *Corn* —2A **18**
Spreyton. *Devn* —1B **20**
Staddiscombe. *Devn* —2D **29**
Staddon. *Devn* —3B **10**
Stag's Head. *Devn* —1A **12**
Staplebay. *Som* —1C **15**
Staple Cross. *Devn* —1A **14**
Staple Fitzpaine. *Som*
—2C **15**
Staplegrove. *Som* —1C **15**
Stapley. *Som* —2B **14**
Starcross. *Devn* —2D **21**
Start. *Devn* —3C **31**
Stathe. *Som* —1D **15**
Staverton. *Devn* —1B **30**
Stawell. *Som* —3D **9**
Stawley. *Som* —1A **14**
Steart. *Som* —2C **9**
Stembridge. *Som* —1D **15**
Stenalees. *Corn* —2C **27**
Stenhill. *Devn* —2A **14**
Stewley. *Som* —2D **15**
Stibb. *Corn* —2A **10**
Stibb Cross. *Devn* —2C **11**
Sticker. *Corn* —2B **26**
Sticklepath. *Devn* —1A **20**
Stithians. *Corn* —1B **34**
Stockland. *Devn* —3C **15**
Stockland Bristol. *Som*
—2C **9**
Stockleigh English. *Devn*
—3C **13**
Stockleigh Pomeroy. *Devn*
—3C **13**
Stocklinch. *Som* —2D **15**
Stogumber. *Som* —3A **8**
Stogursey. *Som* —2C **9**
Stoke. *Devn* —1A **10**
Stoke Abbott. *Dors* —3D **15**
Stoke Canon. *Devn* —1D **21**
Stoke Climsland. *Corn* —3B **18**
Stoke Fleming. *Devn* —3C **31**
Stoke Gabriel. *Devn* —2C **31**
Stokeinteignhead. *Devn*
—3D **21**

Stokenham. *Devn* —3C **31**
Stoke Pero. *Som* —2C **7**
Stoke Rivers. *Devn* —3A **6**
Stoke St Gregory. *Som*
—1D **15**
Stoke St Mary. *Som* —1C **15**
Stolford. *Som* —2C **9**
Stone Allerton. *Som* —1D **9**
Stonebridge. *N.Sm* —1D **9**
Stony Cross. *Devn* —1D **11**
Stoodleigh. *Devn* —3A **6**
(nr. Barnstaple)
Stoodleigh. *Devn* —2D **13**
(nr. Tiverton)
Stoptide. *Corn* —3B **16**
Stowford. *Devn* —2A **22**
(nr. Exmouth)
Stowford. *Devn* —2C **19**
(nr. Tavistock)
Stratton. *Corn* —3A **10**
Stream. *Som* —3A **8**
Street. *Corn* —1A **18**
Street. *Som* —3D **15**
Stretcholt. *Som* —2C **9**
Strete. *Devn* —3C **31**
Stringston. *Som* —2B **8**
Summercourt. *Corn* —2A **26**
Sutcombe. *Devn* —2B **10**
Sutton Mallet. *Som* —3D **9**
Sweetham. *Devn* —1C **21**
Sweets. *Corn* —1D **17**
Sweetshouse. *Corn* —1C **27**
Swell. *Som* —1D **15**
Swimbridge. *Devn* —1A **12**
Swimbridge Newland. *Devn*
—3A **6**
Sydenham. *Som* —3D **9**
Sydenham Damerel. *Devn*
—3C **19**
Symondsbury. *Dors* —1D **23**

Taddiport. *Devn* —2C **11**
Talaton. *Devn* —1A **22**
Taleford. *Devn* —1A **22**
Talskiddy. *Corn* —1B **26**
Tamerton Foliot. *Devn*
—1C **29**
Tarnock. *Som* —1D **9**
Tarr. *Som* —3B **8**
Tatworth. *Som* —3D **15**
Taunton. *Som* —1C **15**
Tavistock. *Devn* —3C **19**
Taw Green. *Devn* —1A **20**
Tawstock. *Devn* —1D **11**
Tedburn St Mary. *Devn*
—1C **21**
Teigncombe. *Devn* —2A **20**
Teigngrace. *Devn* —3C **21**
Teignmouth. *Devn* —3D **21**
Temple. *Corn* —3D **17**
Templeton. *Devn* —2C **13**
Tetcott. *Devn* —1B **18**
Thelbridge Barton. *Devn*
—2B **12**
Thornbury. *Devn* —3C **11**
Thorncombe. *Dors* —3D **15**
Thorndon Cross. *Devn*
—1D **19**
Thornehill Head. *Devn*
—2C **11**
Thorne St Margaret. *Som*
—1A **14**
Thorney. *Som* —1D **15**
Thornfalcon. *Som* —1C **15**
Thorngrove. *Som* —3D **9**
Thorverton. *Devn* —3D **13**
Three Burrows. *Corn* —3D **25**
Threemilestones. *Corn*
—3D **25**
Throwleigh. *Devn* —1A **20**
Thrushelton. *Devn* —2C **19**

Thurdon. *Corn* —2A **10**
Thurlestone. *Devn* —3A **30**
Thurloxton. *Som* —3C **9**
Tideford. *Corn* —2B **28**
Tideford Cross. *Corn* —1B **28**
Tigley. *Devn* —1B **30**
Timberscombe. *Som* —2D **7**
Tinhay. *Devn* —2B **18**
Tintagel. *Corn* —2C **17**
Tippacott. *Devn* —2B **6**
Tipton St John. *Devn* —1A **22**
Titchberry. *Devn* —1A **10**
Titson. *Corn* —3A **10**
Tiverton. *Devn* —2D **13**
Tivington. *Som* —2D **7**
Tolland. *Som* —3B **8**
Tonedale. *Som* —1B **14**
Topsham. *Devn* —2D **21**
Torbay. *Devn* —1D **31**
Torbryan. *Devn* —1C **31**
Torcross. *Devn* —3C **31**
Torpoint. *Corn* —2C **29**
Torquay. *Devn* —1D **31**
Torr. *Devn* —2D **29**
Torre. *Devn* —1C **31**
Tor Royal. *Devn* —3A **20**
Totnes. *Devn* —1C **31**
Touches. *Som* —3D **15**
Towans, The. *Corn* —1D **33**
Towednack. *Corn* —1C **33**
Towerhill. *Devn* —1B **18**
Townshend. *Corn* —1D **33**
Traboe. *Corn* —2B **34**
Treator. *Corn* —3B **16**
Trebarber. *Corn* —1A **26**
Trebartha. *Corn* —3A **18**
Trebarwith. *Corn* —2C **17**
Trebetherick. *Corn* —3B **16**
Treborough. *Som* —3A **8**
Trebudannon. *Corn* —1A **26**
Trebullett. *Corn* —3B **18**
Treburley. *Corn* —3B **18**
Treburrick. *Corn* —3A **16**
Trebyan. *Corn* —1C **27**
Trecott. *Devn* —3A **12**
Tredaule. *Corn* —2A **18**
Tredinnick. *Corn* —1D **27**
(nr. Bodmin)
Tredinnick. *Corn* —2A **28**
(nr. Looe)
Tredinnick. *Corn* —3B **16**
(nr. Padstow)
Treen. *Corn* —2B **32**
(nr. Land's End)
Treen. *Corn* —1C **33**
(nr. St Ives)
Trefrew. *Corn* —2D **17**
Tregada. *Corn* —2B **18**
Tregadillett. *Corn* —2B **18**
Tregarne. *Corn* —2B **34**
Tregear. *Corn* —2A **26**
Tregeare. *Corn* —2A **18**
Tregiskey. *Corn* —3C **27**
Tregole. *Corn* —1D **17**
Tregonetha. *Corn* —1B **26**
Tregonhawke. *Corn* —2C **29**
Tregony. *Corn* —3B **26**
Tregoodwell. *Corn* —2D **17**
Tregorrick. *Corn* —2C **27**
Tregoss. *Corn* —1D **26**
Tregowris. *Corn* —2B **34**
Tregrehan Mills. *Corn*
—2C **27**
Tregullon. *Corn* —1C **27**
Tregurrian. *Corn* —1A **26**
Trehan. *Corn* —2C **29**
Trehunist. *Corn* —1B **28**
Trekenner. *Corn* —3B **18**
Trekenning. *Corn* —1B **26**
Treknow. *Corn* —2C **17**
Trelan. *Corn* —3B **34**
Trelash. *Corn* —1D **17**

Trelassick. *Corn* —2A **26**
Treligga. *Corn* —2C **17**
Trelights. *Corn* —3B **16**
Trelill. *Corn* —3C **17**
Trelissick. *Corn* —1C **35**
Tremail. *Corn* —2D **17**
Tremaine. *Corn* —2A **18**
Tremar. *Corn* —1A **28**
Trematon. *Corn* —2B **28**
Tremore. *Corn* —1C **27**
Trenance. *Corn* —3A **34** (nr. Helston)
Trenance. *Corn* —1A **26** (nr. Newquay)
Trenance. *Corn* —3B **16** (nr. Padstow)
Trenarren. *Corn* —3C **27**
Trencreek. *Corn* —1A **26**
Trendeal. *Corn* —2A **26**
Trenear. *Corn* —1A **34**
Treneglos. *Corn* —2A **18**
Trenewan. *Corn* —2D **27**
Trengune. *Corn* —1D **17**
Trentishoe. *Devn* —2A **6**
Trerule Foot. *Corn* —2B **28**
Trescowe. *Corn* —1D **33**
Tresillian. *Corn* —3A **26**
Tresinney. *Corn* —2D **17**
Treskinnick Cross. *Corn* —1A **18**
Tresmeer. *Corn* —2A **18**
Tresparrett. *Corn* —1D **17**
Tresparrett Posts. *Corn* —1D **17**
Treswithian. *Corn* —3C **25**
Trethosa. *Corn* —2B **26**
Trethurgy. *Corn* —2C **27**
Trevadlock. *Corn* —3A **18**
Trevalga. *Corn* —1C **17**
Trevance. *Corn* —3B **16**
Trevanger. *Corn* —3B **16**
Trevanson. *Corn* —3B **16**
Trevarrack. *Corn* —1C **33**
Trevarren. *Corn* —1B **26**
Trevarrick. *Corn* —3B **26**
Treveighan. *Corn* —3C **17**
Trevellas. *Corn* —2D **25**
Trevelmond. *Corn* —1A **28**
Treverva. *Corn* —1B **34**
Trevescan. *Corn* —2B **32**
Trevia. *Corn* —2C **17**
Trevigro. *Corn* —1B **28**
Trevilley. *Corn* —2B **32**
Treviscoe. *Corn* —2B **26**
Trevivian. *Corn* —2D **17**
Trevone. *Corn* —3A **16**
Trew. *Corn* —2A **34**
Trewalder. *Corn* —2C **17**
Trewarlett. *Corn* —2B **18**
Trewarmett. *Corn* —2C **17**
Trewassa. *Corn* —2D **17**
Treween. *Corn* —2A **18**
Trewellard. *Corn* —1B **32**
Trewen. *Corn* —2A **18**
Trewennack. *Corn* —2A **34**
Trewetha. *Corn* —2C **17**
Trewidland. *Corn* —2A **28**
Trewint. *Corn* —1D **17**
Trewithian. *Corn* —1C **35**
Trewoofe. *Corn* —2C **33**
Trewoon. *Corn* —2B **26**
Treworthal. *Corn* —1C **35**
Treyarnon. *Corn* —3A **16**
Trimstone. *Devn* —2D **5**
Trispen. *Corn* —2A **26**

Troon. *Corn* —1A **34**
Trull. *Som* —1C **15**
Truro. *Corn* —3A **26**
Trusham. *Devn* —2C **21**
Tuckenhay. *Devn* —2C **31**
Tuckingmill. *Corn* —3C **25**
Turfmoor. *Devn* —3C **15**
Turnchapel. *Devn* —2C **29**
Tutwell. *Corn* —3B **18**
Twelveheads. *Corn* —3D **25**
Twitchen. *Devn* —3B **6**
Two Bridges. *Devn* —3A **20**
Two Mile Oak Cross. *Devn* —1C **31**
Tythecott. *Devn* —2C **11**
Tytherleigh. *Devn* —3D **15**
Tywardreath. *Corn* —2C **27**
Tywardreath Highway. *Corn* —2C **27**

Uffculme. *Devn* —2A **14**
Ugborough. *Devn* —2A **30**
Umberleigh. *Devn* —1A **12**
Underwood. *Devn* —2D **29**
Upcott. *Devn* —3D **11**
Up Exe. *Devn* —3D **13**
Upham. *Devn* —3C **13**
Uphill. *N.Sm* —1D **9**
Uplowman. *Devn* —2A **14**
Uplyme. *Devn* —1D **23**
Upottery. *Devn* —3C **15**
Upper Cheddon. *Som* —1C **15**
Uppincott. *Devn* —3C **13**
Upton. *Corn* —3A **10** (nr. Bude)
Upton. *Corn* —3A **18** (nr. Liskeard)
Upton. *Devn* —3A **14** (nr. Honiton)
Upton. *Devn* —3B **30** (nr. Kingsbridge)
Upton. *Devn* —1D **13**
Upton Cross. *Corn* —3A **18**
Upton Hellions. *Devn* —3C **13**
Upton Pyne. *Devn* —1D **21**
Uton. *Devn* —1C **21**

Valley Truckle. *Corn* —2D **17**
Vellow. *Som* —3A **8**
Velly. *Devn* —1A **10**
Venhay. *Devn* —2B **12**
Venn. *Devn* —3B **30**
Venn Green. *Devn* —2B **10**
Venn Ottery. *Devn* —1A **22**
Venny Tedburn. *Devn* —1C **21**
Venterdon. *Devn* —3B **18**
Veryan. *Corn* —1D **35**
Veryan Green. *Corn* —3B **26**
Vicarage. *Devn* —2C **23**
Victoria. *Corn* —1B **26**
Virginstow. *Devn* —1B **18**
Vole. *Som* —2D **9**

Waddeton. *Devn* —2C **31**
Waddon. *Devn* —3C **21**
Wadebridge. *Corn* —3B **16**
Wadeford. *Som* —2D **15**
Wainhouse Corner. *Corn* —1D **17**
Walkhampton. *Devn* —1D **29**
Wall. *Corn* —1A **34**

Wambrook. *Som* —3C **15**
Warborough. *Devn* —2D **31**
Warbstow. *Corn* —1A **18**
Warfleet. *Devn* —2C **31**
Warkleigh. *Devn* —1A **12**
Warleggan. *Corn* —1D **27**
Washaway. *Corn* —1C **27**
Washbourne. *Devn* —2C **31**
Washfield. *Devn* —2D **13**
Washford. *Som* —2A **8**
Washford Pyne. *Devn* —2C **13**
Watchet. *Som* —2A **8**
Watcombe. *Devn* —1D **31**
Water. *Devn* —2B **20**
Waterloo. *Corn* —3D **17**
Waterrow. *Som* —1A **14**
Watton. *Dors* —1D **23**
Wayford. *Som* —3D **15**
Way Village. *Devn* —2C **13**
Weare. *Som* —1D **9**
Weare Giffard. *Devn* —1C **11**
Wearne. *Som* —1D **15**
Wedmore. *Som* —2D **9**
Week. *Devn* —1D **11** (nr. Barnstaple)
Week. *Devn* —3A **12** (nr. Okehampton)
Week. *Devn* —2B **12** (nr. South Molton)
Week. *Devn* —1B **30** (nr. Totnes)
Week. *Som* —3D **7**
Weeke. *Devn* —3B **12**
Week Green. *Corn* —1A **18**
Week St Mary. *Corn* —1A **18**
Welcombe. *Devn* —2A **10**
Wellington. *Som* —1B **14**
Wellswood. *Devn* —1D **31**
Welsford. *Devn* —1A **10**
Wembdon. *Som* —3C **9**
Wembury. *Devn* —3D **29**
Wembworthy. *Devn* —3A **12**
Wendron. *Corn* —1A **34**
Wentfordbridge. *Corn* —3C **17**
Werrington. *Corn* —2B **18**
West Alvington. *Devn* —3B **30**
West Anstey. *Devn* —1C **13**
West Bagborough. *Som* —3B **8**
West Buckland. *Devn* —3A **6**
West Buckland. *Som* —1B **14**
West Charleton. *Devn* —3B **30**
Westcott. *Devn* —3A **14**
West Curry. *Corn* —1A **18**
West Down. *Devn* —2D **5**
Westdowns. *Corn* —2C **17**
Westham. *Som* —2D **9**
West Hatch. *Som* —1C **15**
Westhay. *Som* —2D **9**
West Hewish. *N.Sm* —1D **9**
West Hill. *Devn* —1A **22**
West Huntspill. *Som* —2D **9**
Westlake. *Devn* —2A **30**
West Lambrook. *Som* —2D **15**
Westleigh. *Devn* —1C **11** (nr. Bideford)
Westleigh. *Devn* —2A **14** (nr. Tiverton)
West Leigh. *Devn* —3A **12** (nr. Winkleigh)
West Looe. *Corn* —2A **28**

West Monkton. *Som* —1C **15**
West Ogwell. *Devn* —1C **31**
Weston. *Devn* —2B **22**
Weston-super-Mare. *N.Sm* —1D **9**
Westonzoyland. *Som* —3D **9**
West Pentire. *Corn* —1D **25**
West Porlock. *Som* —2C **7**
Westport. *Som* —2D **15**
West Putford. *Devn* —2B **10**
West Quantoxhead. *Som* —2B **8**
West Sandford. *Devn* —3C **13**
West Stoughton. *Som* —2D **9**
West Taphouse. *Corn* —1D **27**
Westward Ho!. *Devn* —1C **11**
West Wick. *N.Sm* —1D **9**
Westwood. *Devn* —1A **22**
West Worlington. *Devn* —2B **12**
West Youlstone. *Corn* —2A **10**
Weycroft. *Devn* —1D **23**
Whatley. *Som* —3D **15**
Wheatley. *Devn* —1C **21**
Wheddon Cross. *Som* —3D **7**
Whiddon. *Devn* —3C **11**
Whiddon Down. *Devn* —1A **20**
Whimble. *Devn* —3B **10**
Whimple. *Devn* —1A **22**
Whipton. *Devn* —1D **21**
Whitchurch. *Devn* —3C **19**
Whitchurch Canonicorum. *Dors* —1D **23**
White Cross. *Corn* —2A **34**
Whitefield. *Som* —1A **14**
Whitehall. *Devn* —2B **14**
Whitelackington. *Som* —2D **15**
Whitemoor. *Corn* —2B **26**
Whitestaunton. *Som* —2C **15**
Whitestone. *Devn* —1C **21**
Whiteworks. *Devn* —3A **20**
Whitford. *Devn* —1C **23**
Whitleigh. *Devn* —2C **29**
Whitnage. *Devn* —2A **14**
Whitstone. *Corn* —1A **18**
Wick. *Devn* —2C **9** (nr. Bridgwater)
Wick. *Som* —1D **9** (nr. Burnham-on-Sea)
Wick. *Som* —1D **15** (nr. Somerton)
Widecombe in the Moor. *Devn* —3B **20**
Widegates. *Corn* —2A **28**
Widemouth Bay. *Corn* —3A **10**
Widworthy. *Devn* —1C **23**
Wiggaton. *Devn* —1B **22**
Willand. *Devn* —2A **14**
Willett. *Som* —3B **8**
Williton. *Som* —2A **8**
Willsworthy. *Devn* —2D **19**
Wilmington. *Devn* —1C **23**
Windmill Hill. *Som* —2D **15**
Winkleigh. *Devn* —3A **12**
Winscombe. *N.Sm* —1D **9**
Winsford. *Som* —3D **7**
Winsham. *Devn* —3D **5**
Winsham. *Som* —3D **15**
Winswell. *Devn* —2C **11**
Witheridge. *Devn* —2C **13**
Withiel. *Corn* —1B **26**

Withiel Florey. *Som* —3D **7**
Withleigh. *Devn* —2D **13**
Withycombe. *Som* —2A **8**
Withycombe Raleigh. *Devn* —2A **22**
Withypool. *Som* —3C **7**
Wiveliscombe. *Som* —1A **14**
Wolborough. *Devn* —3C **21**
Wonson. *Devn* —2A **20**
Woodacott. *Devn* —3B **10**
Woodbridge. *Devn* —1B **22**
Woodbury. *Devn* —2A **22**
Woodbury Salterton. *Devn* —2A **22**
Woodcombe. *Som* —2D **7**
Woodford. *Corn* —2A **10**
Woodford. *Devn* —2B **30** (nr. Dartmouth)
Woodford. *Devn* —2D **29** (nr. Plymouth)
Woodhuish. *Devn* —2D **31**
Woodland. *Devn* —1B **30**
Woodland Head. *Devn* —1B **20**
Woodleigh. *Devn* —3B **30**
Woodmanton. *Devn* —2A **22**
Woodtown. *Devn* —1C **11** (nr. Bideford)
Woodtown. *Devn* —1C **11** (nr. Littleham)
Woody Bay. *Devn* —2A **6**
Woolacombe. *Devn* —2C **5**
Woolavington. *Som* —2D **9**
Woolcotts. *Som* —3D **7**
Woolfardisworthy. *Devn* —1B **10** (nr. Bideford)
Woolfardisworthy. *Devn* —3C **13** (nr. Crediton)
Woolley. *Corn* —2A **10**
Woolminstone. *Som* —3D **15**
Woolston. *Devn* —3B **30**
Woolston Green. *Devn* —1B **30**
Woolwell. *Devn* —2D **29**
Wootton Courtenay. *Som* —2D **7**
Wootton Fitzpaine. *Dors* —1D **23**
Worle. *N.Sm* —1D **9**
Wotter. *Devn* —1D **29**
Wrafton. *Devn* —3C **5**
Wrangway. *Som* —2B **14**
Wrantage. *Som* —1D **15**
Wrayland. *Devn* —2B **20**
Wyke. *Devn* —3C **13**

Yalberton. *Devn* —2C **31**
Yarcombe. *Devn* —3C **15**
Yard. *Devn* —1B **12**
Yard. *Som* —3A **8**
Yarnscombe. *Devn* —1D **11**
Yarrow. *Som* —2D **9**
Yawl. *Devn* —1D **23**
Yealmpton. *Devn* —2D **29**
Yelverton. *Devn* —1D **29**
Yeoford. *Devn* —1B **20**
Yeolmbridge. *Corn* —2B **18**
Yeo Mill. *Devn* —1C **13**
Yettington. *Devn* —2A **22**

Zeal Monachorum. *Devn* —3B **12**
Zelah. *Corn* —2A **26**
Zennor. *Corn* —1C **33**

Selected Places of Interest and other features

❑ Opening times for Places of Interest vary greatly; while some open all year, others open only for the summer season, some only open certain days or even part days.   We recommend, to avoid disappointment, you check with the nearest Tourist Information Centre (see below) before starting your journey.

❑ This is an index to selected features shown on the map pages, it is not a comprehensive guide.

❑ To keep the maps as clear as possible, descriptive words like 'Castle', 'Museum' etc. are omitted, a key to the various map symbols used can be found on page 1 in the reference.   Features within very congested areas and town centres are indicated as space allows, wherever possible, at least with the appropriate symbol; in some instances the text may fall into an adjacent map square.

❑ Every possible care has been taken to ensure that the information given is accurate and whilst the publishers would be grateful to learn of any errors, they regret they cannot accept any responsibility for loss thereby caused.

Abbey/Friary/Priory

Buckfast Abbey—1B 30
Cleeve Abbey, Washford—2A 8
Dunkeswell Abbey—2B 14
Frithelstock Priory—2C 11
Hartland Abbey, Stoke—1A 10
Muchelney Abbey—1D 15
St Nicholas Priory, Exeter—1D 21

Aquarium

Brixham Aquarium—2D 31
Newquay Sea Life Centre—1A 26
Paignton Seashore Aquarium—1C 31
Torquay Aqualand—1D 31

Bird Garden

See also Farm Park, Wildlife Park, Zoo

Exmoor Bird Gardens, Blackmoor Gate—2A 6
Hayle Paradise Park Bird Garden—1D 33
Widcombe Wildlife & Country Park—2C 15

Botanical Garden

Orchid Paradise, Newton Abbot—3C 21
Plant World, Coffinswell—1C 31

Butterfly Farm

Buckfast Butterfies & Dartmoor Otter Sanctuary, Buckfastleigh—1B 30

Castle and Garden

See also Castle

Bickleigh Castle—3D 13

Dunster Castle—2D 7

Castle

See also Castle

Bampton Castle—1D 13
Barnstaple Castle—3D 5
Berry Pomeroy Castle—1C 31
Compton Castle—1C 31
Crewkerne Castle—2D 15
Cromwell's Castle, Tresco—1A 24
Dartmouth Castle, Warfleet—2C 31
Exeter Castle—1D 21
Gidleigh Castle—2A 20
Hemyock Castle—2B 14
Launceston Castle—2B 18
Lydford Castle—2D 19
Marisco Castle, Lundy—2A 4
Neroche Castle, Curland—2C 15
Nether Stowey Castle—3B 8
Okehampton Castle—1D 19
Pendennis Castle, Falmouth—1C 35
Plympton Castle—2D 29
Powderham Castle—2D 21
Restormel Castle, Lostwithiel—1D 27
St Catherines Castle, Fowey—2D 27
St Mawes Castle—1C 35
St Michael's Mount, Marazion—2D 33
Taunton Castle—1C 15
Tintagel Castle—2C 17
Tiverton Castle—2D 13
Totnes Castle—1B 30
Trematon Castle, Trehan—2C 29
Tresco King Charles's Castle—1A 24

Cathedral

Exeter Cathedral—1D 21
Plymouth RC Cathedral—2C 29
Truro Cathedral—3A 26

Cave

Beer Quarry Caves—2C 23
Carnglaze Slate Caverns, St Neot—1D 27
Kents Cavern Showcaves, Wellswood—1D 31
Kitley Caves, Yealmpton—2D 29
Poldark Mine, Trenear—1A 34

Country Park

Animal Farm Country Park & The Land of Legends, Brean—1D 9
Berry Head Country Park, Brixham—2D 31
Canonteign Falls Country Park, Hennock—2C 21
Cockington Country Park—1C 31
Combe Sydenham Country Park, Monksilver—3A 8
Decoy Country Park, Wolborough—3C 21
Farway Countryside Park, Southleigh—1B 22
Grand Western Canal Country Park, Tiverton—2A 14
Kit Hill Country Park, Downgate—3B 18
Kitley Caves Country Park, Yealmpton—2D 29
Mount Edgecumbe Country Park, Cremyll—2C 29
River Dart Country Park, Hele—3B 20
Stover Country Park, Heathfield—3C 21
Tehidy Country Park, Portreath—3C 25

Devon & Cornwall Regional Atlas 43

Farm Park/Working Farm

See also Wildlife Park

Big Sheep, The, Abbotsham—1C 11
Bodstone Barton Farmworld, Berry Down Cross—2D 5
Callestick Cider Farm—2D 25
Crealy Country, Clyst St Mary—1A 22
Dairyland Farm World, Kestle Mill—2A 26
Donkey Sanctuary, Weston—2B 22
Exemoor Farm Rare Breeds, Week Green—1A 18
Home Farm, Blue Anchor—2A 8
North Devon Farm Park, Hannaford—3A 6
Pennywell Farm Park, Dean Prior—1B 30
Quince Honey Farm, South Molton—1B 12
Secret World, East Huntspill—2D 9
Shire Horse Farm, The, Bolenowe—1A 34
Tamarisk Farming Fun & Birds of Prey, Treburrick—3A 16
Trethorne Leisure Farm, Tregadillett—2A 18
Twiggy Winkies Farm & Hedgehog Hospital, East Ogwell—1C 31

Fortress

Bayard's Cove Fort, Dartmouth—2C 31
Berry Head Fort, Brixham—2D 31
Harry's Walls, Hugh Town—1B 24
Old Blockhouse, Tresco—1A 24

Garden

See also Historic Building & Garden

Anthony Woodland Garden, Maryfield—2C 29
Avenue Cottage Gardens, Ashprington—2C 31
Bickham Barton Gardens, Milton Combe—1C 29
Bicton Park Gardens, East Budleigh—2A 22
Bosvigo House Gardens, Truro—3A 26
Cannington College Heritage Gardens—3C 9
Clapton Court Gardens—3D 15
Cockington Court Gardens—1C 31
Coleton Fishacre Garden, Kingswear—2D 31
East Lambrook Manor Garden—2D 15
Garden House, The, Buckland Monachorum—1C 29
Glendurgan Garden, Mawnan—2B 34
Hestercombe House Gardens, Upper Cheddon—1C 15
Long Cross Victorian Gardens, Trelights—3B 16
Lost Gardens of Heligan, Pentewan—3B 26
Marwood Hill Gardens—3D 5
Overbecks Garden, Salcombe—3B 30
Probus Demonstration Gardens & Rural Studies Centre—3B 26
Rosemoor Garden, Great Torrington—2D 11
Trebah Garden, Mawnan—2B 34
Tregrehan, St Blazey Gate—2C 27
Trelissick Garden—1C 35
Trengwainton Garden, Madron—1C 33
Tresco Gardens, Appletree—1A 24

Hill Fort

Blackbury Camp Hill Fort, Southleigh—1B 22
Cadbury Castle—3D 13
Cadson Bury Hill Fort, Frogwell—1B 28
Chun Castle, Great Bosullow—1C 33
Cranbrook Castle, Easton—2B 20
Hembury Hill Fort, Upton—3B 14
Prestonbury Castle, Drewsteignton—3B 20

Historic Building & Garden

See also Historic Building

Anthony, Maryfield—2C 29
Arlington Court—2A 6
Barrington Court House—2D 15
Buckland Abbey, Milton Combe—1C 29
Cadhay, Taleford—1A 22
Castle Drogo, Drewsteignton—1B 20
Combe Sydenham, Stogumber—3A 8
Cotehele, Metherell—1C 29
Endsleigh House, Milton Abbot—3B 18
Escot, Fairmile—1A 22
Forde Abbey, Chard Junction—3D 15
Fursdon, Cadbury—3D 13
Gaulden Manor, Tolland—3B 8
Hatch Court, Hatch Beauchamp—1D 15
Killerton House, Budlake—3D 13
Knightshayes Court, Chettiscombe—2D 13
Lanhydrock, Cutmadoc—1C 27
Loughwood Meeting House, Dalwood—1C 23
Mount Edgcumbe House, Cremyll—2C 29
Oldway Mansion, Paignton—1C 31
Pencarrow House, Croanford—3C 17
Saltram, Plymouth—2D 29
Tapeley Park, Westleigh—1C 11
Torre Abbey, Torquay—1D 31
Trerice, Kestle Mill—2A 26
Trewithin, Probus—3B 26
Watermouth Castle, Berrynarbor—2D 5

Historic Building

See also Historic Building & Garden

A La Ronde, Hulham—2A 22
Bowden House, Totnes—2C 31
Bowhill, Exeter—1D 21
Bradley Manor, Newton Abbot—3C 21
Church House, The, Widecombe in the Moor—3B 20
Coleridge Cottage, Nether Stowey—3B 8
Dillington House, Ilminster—2D 15
Dunster Old Dovecote—2D 7
Dunster Yarn Market—2D 7
Dupath Well House, Callington—1B 28
Exeter Guildhall—1D 21
Flete, Ford—2A 30
Fyne Court, Broomfield—3C 9
Godolphin House, Godolphin Cross—1A 34
Halsway Manor—3B 8
Hemerdon House, Plympton—2D 29
King John's Hunting Lodge, Axbridge—1D 9
Kirkham House, Paignton—1C 31
Muchelney Priest's House—1D 15
Penhallam, Week St Mary—1A 18
Plymouth Elizabethan House—2C 29
Prideaux Place, Padstow—3B 16
Prysten House, Plymouth—2C 29
Royal Citadel, Plymouth—2C 29
Sand, Sidbury—1B 22
Shute Barton—1C 23
Thorne Manor, Holsworthy—3B 10
Tintagel Old Post Office—2C 17
Totnes Guildhall—1C 31
Trelowarren, Mawgan—2B 34
Ugbrooke House, Ideford—3C 21
Watersmeet House, Lynton—2B 6
Wesleys Cottage, Fivelanes—2A 18
Wheal Betsy Engine House, Mary Tavy—2D 19

Horse Racecourse

Devon & Exeter Racecourse—2D 21
Newton Abbot Racecourse—3C 21
Taunton Racecourse—1C 15

Industrial Monument

See also Windmill

Bicclescombe Watermill, Ilfracombe—2D 5
Combe Sydenham Watermill, Stogumber—3A 8
Cotehele Mill, Metherell—1C 29
Crowdy Mill, Harbertonford—2B 30
Dunster Working Watermill—2D 7
Hele Mill—2D 5
Hornsbury Mill, Chard—2D 15
Levant Beam Engine, Pendeen—1B 32
Newcomen Memorial Engine, Dartmouth—2C 31
Orchard Mill, Williton—2A 8
Piles Watermill, Allerford—2D 7
Town Mills Chudleigh—3C 21
Westonzoyland Pumping Station—3D 9

Lighthouse

Lizard Point Lighthouse—3B 34
Pendeen Watch Lighthouse—1B 32
Smeaton's Tower, Plymouth—2C 29

Museum & Art Gallery

Admiral Blake Museum, Bridgwater—3D 9
Allhallows Museum, Honiton—3B 14
Ashburton Museum—1B 30
Automobilia Motor Museum, St Stephen—2B 26
Axbridge Museum—1D 9
Bampton Communication Museum—1D 13
Barbara Hepworth Museum & Sculpture Garden, St Ives—3B 24
Bishopsteignton Museum of Rural Life—3D 21
Blue Anchor Station Great Western Railway Museum—2A 8
Bodmin Goal—1C 27
Bodmin Town Museum—1C 27
Bowden House Photographic Bygones, Totnes—2C 31
Braunton & District Museum—3C 5
Brixham Museum—2D 31
Bude-Stratton Museum—3A 10
Burton Art Gallery, Bideford—1C 11
Bygones Life Size Victorian Street, St. Marychurch—1D 31
Camborne Art Gallery, Pool—3C 25
Camborne Geological Museum, Pool—3C 25
Carriage Museum, Bolenowe—1A 34
Chard & District Museum—3D 15
Charlestown Shipwreck & Heritage Museum—2C 27
Cobbaton Combat Collection—1A 12
Coldharbour Mill Working Wool Museum, Uffculme—2A 14
Combe Martin Motorcycle Collection—2D 5
Cookworthy Museum of Rural Life, Kingsbridge—3B 30
Cornish Engines, Pool—3C 25
Cotehele Quay & Shamrock, Metherell—1C 29
Crowcombe Heathfield Station Permanent Way Exhibition, Flaxpool—3B 8
Dartmoor Life, Museum of, Okehampton—1D 19
Dartmouth Butterwalk Museum—2C 31
Dartmouth Henley Museum—2C 31
Dawlish Museum—3D 21
Delabole Slate Quarry Display Room—2C 17
Devon Guild of Craftsmen, The, Bovey Tracey—3C 21
Devonshire Collection of Period Costume, Totnes—1C 31
Dingles Steam Village, Broadwoodwidger—2C 19
Dinosaurland, Lyme Regis—1D 23
Duke of Cornwall's Light Infantry Museum, Bodmin—1C 27
Exeter Maritime Museum—1D 21
Exmouth Museum—2A 22
Fairlynch Arts Centre & Museum, Budleigh Salterton—2A 22
Falmouth Art Gallery—1C 35
Falmouth Maritime Museum—1C 35
Finch Foundry & Museum of Waterpower, Sticklepath—1A 20
Geevor Tin Mining Museum, Pendeen—1B 32
Hartland Quay Museum—1A 10
Helston Folk Museum—2A 34
Ilfracombe Museum—2D 5
International Helicopter Museum, Weston-super-Mare—1D 9
James Countryside Museum, East Budleigh—2A 22
Lakeside Art Gallery, Trekenner—3B 18
Lanreath Farm & Folk Museum—2D 27
Launceston Steam Railway Museum—2B 18
Lawrence House, Launceston—2B 18
Lyme Regis (Philpot) Museum—1D 23
Lyn & Exmoor Museum, Lynton—2B 6
Lynton & Barnstaple Railway Museum, Barnstaple—3D 5
Market House Museum, The, Watchet—2A 8
Mevagissey Folk Museum—3C 27
Mid Cornwall Galleries, St Blazey Gate—2C 27
Morwellham Quay, Calstock—1C 29
National Lighthouse Museum, Penzance—1C 33
Newlyn Art Gallery—2C 33
North Cornwall Museum & Gallery, Camelford—2D 17
North Devon Maritime Museum, Appledore—3C 5
North Devon & Royal Devon Yeomanry, Museum of, Barnstaple—3D 5
Otterton Mill Centre & Working Museum—2A 22
Overbecks Museum, Salcombe—3B 30
Padstow Shipwreck Museum—3B 16
Paul Corin's Magnificent Music Machines, St Keyne—1A 28
Penzance & District Art Gallery & Museum—1C 33
Penzance Maritime Museum—1C 33
Plymouth Art Gallery & Museum—2C 29
Plymouth Merchant's House Museum—2C 29
Polperro Heritage Museum of Smuggling & Fishing—2A 28
Potter's Museum of Curiosity, Bolventor—3D 17
Prehistoric Hill Settlement Museum, Capton—2C 31
Quay House Interpretation Centre, Exeter—1D 21
Royal Albert Memorial Museum, Exeter—1D 21
Royal Cornwall Museum, Truro—3A 26
St Anne's Chapel & Old Grammar School Museum, Barnstaple—3D 5
Santa Maria Museum, Charlestown—2C 27
Sheppy's Cider & Rural Life Museum, Bradford-on-Tone—1B 14
Sidmouth Museum—2B 22
Sidmouth Vintage Toy & Train Museum—2B 22
Somerset County Museum, Taunton—1C 15
Somerset Cricket Museum, Taunton—1C 15
South Devon Railway Museum, Buckfastleigh—1B 30
South Molton Museum—1B 12
St Ives Society of Artists—3B 24
Tate Gallery St Ives—3B 24
Teignmouth Museum—3D 21
Thorburn Museum & Gallery,

Dobwalls—1A 28
Tiverton Museum—2D 13
Topsham Museum—2D 21
Torquay Museum, Wellswood—1D 31
Torrington Museum, Great Torrington—2C 11
Totnes Motor Museum—1C 31
Totnes Museum—1C 31
Valhalla Figurehead Collection, Appletree—1A 24
Washford Station Somerset & Dorset Railway Museum—2A 8
Wayside Museum, Zennor—1C 33
Wellington Museum—1B 14
Wheal Martyn Museum, Carthew—2C 27
Wheelwrights Working Museum & Gypsy Folklore Collection, Loxton—1D 9
Wireless in the West, Washford—2A 8
Woodspring Museum, Weston-super-Mare—1D 9
World of Country Life, Littleham—2A 22
Yelverton Paperweight Centre—1D 29

National Park Information Centre

See also Tourist Information Centres
Note: Telephone Numbers are given in italic

Combe Martin Visitor Centre—2D 5
  01271 883319
County Gate Visitor Centre, Malmsmead—2B 6 *015987 321*
Dulverton Visitor Centre—1D 13
  01398 23841
Dunster Visitor Centre—2D 7
  01643 821835
Lynmouth Visitor Centre—2B 6
  01598 52509
Newbridge Information Centre, Poundsgate—3B 20
  013643 303
Okehampton Information Centre—1D 19 *01837 53020*
Parke Barn Information Centre, Bovey Tracey—3C 21 *01626 832093*
Postbridge Information Centre—3A 20
  01822 88272
Princetown Information Centre—3D 19
  0182289 414
Steps Bridge Information Centre, Dunsford—2B 20 *01647 52018*
Tavistock Information Centre—3C 19
  01822 61 2938

Nature Reserve/Bird Sanctuary

R.S.P.B., English Nature & Wildfowl Trust only

Axmouth-Lyme Undercliffs Nature Reserve, Rousdon—1D 23
Aylesbeare Common Bird Sanctuary, Burrow—1A 22
Bovey Valley Woodlands Nature Reserve, Bovey Tracey—3B 20
Braunton Burrows Nature Reserve—3C 5
Bridgewater Bay Nature Reserve, Steart—2C 9
Chapel Wood Bird Sanctuary, North Buckland—2C 5
Exminster Marshes Bird Sanctuary—2D 21
Golitha Nature Reserve, Redgate—1A 28
Isley Marshes Bird Sanctuary, Lower Yelland—3C 5
Swell Wood Bird Sanctuary—1D 15
West Sedgemoor Nature Reserve, Swell—1D 15
Wistman's Wood Nature Reserve, Two Bridges—3A 20
Yarner Wood Nature Reserve, Bovey Tracey—3B 20

Places of Interest / Various

Babbacombe Model Village, St. Marychurch—1D 31
Becky Falls, Water—2B 20
Brannam Pottery, Lake—3D 5
Brean Leisure Park—1C 9
British Jousting Centre, The, Westleigh—1C 11
Broadwindsor Craft & Design Centre—3D 15
Burrow Mump, Brent Knoll—1D 9
Butter Cross, Dunster—2D 7
Canonteign Falls, Hennock—2C 21
Caratacus Stone, Liscombe—3C 7
Cheddar Gorge Cheese Company, Cheddar—1D 9
Children's Adventure Land, Willand—3A 14
Clovelly Visitor Centre—1B 10
Cold Northcott Wind Farm, St. Clether—2A 18
Cornish Seal Sanctuary, Gweek -2B 34
Cornish Shire Horse Centre, Tredinnick—1B 26
Dartington Cider Press Centre—1B 30
Dartington Crystal, Great Torrington—2C 11
Dartmeet—3A20
Dartmoor Miniature Pony Centre, North Bovey—2B 20
Dartmoor National Park—2A20
Delabole Slate Quarry—2C 17
Delabole Wind Farm, Westdowns—2C 17
Devonshire's Centre- Bickleigh Mill—3D 13
Doone Valley, Oare—2B 6
Dozmary Pool—3D17
Dunkery Hill—2D 7
Exeter Underground Passages—1D 21
Exmoor National Park—3B 6
Ferne Animal Sanctuary, Crawley—3C 15
Gallox Bridge, Dunster—2D 7
Garrison Walls, Hugh Town—1A 24
Gnome Reserve, The, West Putford—2B 10
Golitha Falls, Redgate—1A 28
Goonhilly Satellite Earth Station, Traboe—2B 34
Gwennap Pit Amphitheatre, Redruth—3D 25
Haytor Rocks—3B 20
Hound Tor Deserted Medieval Village, Bonehill—3B 20
Instow Signalbox—3C 5
Jungleland, Barnstaple—3D 5
Lamorna Pottery—2C 33
Land's End, Sennen—2B 32
Lizard Point—3B34
Logan Rock, Treen—2B 32
Lundy—2A 4
Lustliegh Cleave, Manaton—2B 20
Lydford Gorge—2D 19
Mid Cornwall Bird Park & Waterfowl Reserve, St Columb Major—1B 26
Milky Way & North Devon Bird of Prey Centre, The, Clovelly—1B 10
Minack Open-air Theatre, Porthcurno—2B 32
Mineral Tramways Discovery Centre, Brea—3C 25
Mountbatten Tower, Turnchapel—2C 29
Mullacott Miniature Ponies & Shire Horse Centre—2D 5
Murrayton Monkey Sanctuary, East Looe—2A 28
National Shire Horse Centre, Dunstone—2D 29
Newquay Pearl, Quintrell Downs—1A 26
Old Cleeve Tannery—2A 8
Once Upon A Time, Woolacombe—2C 5
Parke, Bovey Tracey—3C 21
Peat Moors Visitor Centre, Westhay—2D 9
Pecorama Pleasure Gardens, Beer—2C 23
Perry's Cider Mills, Dowlish Wake—2D 15
Plymouth Dome—2C 29
Plymouth Gin Distillery—2C 29

Poldark Mine Heritage Complex, Trenear—1A 34
Porfell Animal Land, Bocaddon—2D 27
Rolling Falls Model Village, Ilfracombe—2D 5
St Agnes Leisure Park—3D 25
St. Michael's Mount, Marazion—2D 33
Screech Owl Sanctuary, St Columb Major—1B 26
Selworthy Beacon—2D 7
Shipwreck Island, St Michael's—2C 31
South East Cornwall Discovery Centre, Looe—2A 28
Stogumber Bee World & Animal Centre—3B 8
Teign Valley Glass & House of Marbles, Bovey Tracey—3C 21
Trago Mills Leisure Park, Bickington—3C 21
Tropiquaria, Washford—2A 8
Tuckers Maltings, Newton Abbot—3C 21
Watersmeet, Lynton—2B 6
Wellington Monument, Wrangway—2B 14
West Country Falconry Centre, Sparkwell—2D 29
White Lady Waterfall, Lydford—2D 19
Willows & Wetlands Visitor Centre, Stoke St Gregory—1D 15
'Wonderful World of Miniature', Exmouth—2A 22
Woodlands Leisure Park, Blackawton—2C 31
World In Miniature, Goonhavern—2D 25
World of Model Railways, Mevagissey—3C 27

Prehistoric Monument

See also Hill Figure, Hill Fort

Ballowall Barrow, St Just—1B 32
Bant's Carn Burial Chamber, Maypole—1B 24
Carn Euny Ancient Village, Brane—2C 33
Cheesewring, The, Henwood—3A 18
Chysauster Ancient Village, Nancledra—1C 33
Dartmeet Clapper Bridge—3A 20
Grimspound, Hameldown Tor—2B 20
Halangy Down Ancient Villiage, Maypole—1B 24
Halliggye Fogou, Garras—2B 34
Huntingdon Clapper Bridge, Buckfastleigh—1A 30
Hurlers Stone Circles, Minions—3A 18
Innisidgen Lower & Upper Burial Chambers, Maypole—1B 24
King Arthur's Halls, Row—3D 17
King Doniert's Stone, Redgate—1B 28
Lanyon Quoit, Great Bosullow—1C 33
Men An Tol, Great Bosullow—1C 33
Merrivale Prehistoric Settlement—3D 19
Pillaton Clapper Bridge—1B 28
Pipers, The, Trewoofe—2C 33
Porth Hellick Down Burial Chamber, St. Mary's—1B 24
Postbridge Clapper Bridge—3A 20
Powder Mills Clapper Bridge, Two Bridges—3A 20
St Breock Downs Monolith, Wadebridge—1B 26
Tarr Steps, Liscombe—3C 7
Tregiffian Burial Chamber, Trewoofe—2C 33
Trethevy Quoit, Tremar—1A 28
Upper Plym Valley, Sheepstor—1D 29

Railway

Preserved, Steam, Narrow Gauge

Bicton Woodland Railway, East Budleigh—2A 22
Bodmin & Wenford Railway—1C 27
Exmoor Steam Railway, Bratton Fleming—3A 6
Gorse Blossom Miniature Railway & Woodland Park, Bickington—3C 21
Lappa Valley Railway, Newlyn East—2A 26
Launceston Steam Railway—2B 18
Lynbarn Railway, The, Clovelly—1B 10
Lynton Cliff Railway—2B 6
Oddicombe Cliff Railway, St. Marychurch—1D 31
Paignton & Dartmouth Steam Railway—2C 31
Plym Valley Railway (Woodland Line), Woodford—2D 29
Seaton & District Electric Tramway—1C 23
South Devon Railway (Primrose Line), Buckfastleigh—1B 30
West Somerset Railway, Minehead—2D 7

Theme Park

Crinkley Bottom, Cricket St Thomas—3D 15
Dobwalls Family Adventure Park—1A 28
Flambards Victorian Village Theme Park, Helston—2A 34

Tourist Information Centres

See also National Park Information Centres

OPEN ALL YEAR

Note: Telephone Numbers are given in Italics

Barnstaple—3D 5   *01271 388583/ 388584*
Bideford—1C 11   *01237 477676 / 421853*
Bodmin—1C 27   *01208 76616*
Bridport—1D 23   *01308 424901*
Brixham—2D 31   *01803 852861*
Bude—3A 10   *01288 354240*
Budleigh Salterton—2A 22   *01395 445275*
Burnham-on-Sea—2D 9   *01278 787852*
Chard—3D 15   *01460 67463*
Dartmouth—2C 31   *01803 834224*
Dawlish, Dawlish Warren—3D 21   *01626 863589*
Exeter Services—1D 21   *01392 437581/79088*
Exeter—1D 21   *01392 265700*
Exmouth—2A 22   *01395 263744*
Falmouth—1C 35   *01326 312300*
Fowey—2D 27   *01726 833616*
Helston & Lizard Peninsula—2A 34   *01326 565431*
Honiton—3B 14   *01404 43716*
Ilfracombe—2D 5   *01271 863001*
Isles of Scilly, Hugh Town—1B 24   *01720 422536*
Ivybridge, (South Dartmoor)—2A 30   *01752 897035*
Kingsbridge—3B 30   *01548 853195*
Launceston—2B 18   *01566 772321 / 772333*
Lostwithiel—2D 27   *01208 872207*
Lyme Regis—1D 23   *01297 442138*
Lynton—2B 6   *01598 752225*
Minehead—2D 7   *01643 702624*
Newquay—1A 26   *01637 871345*
Newton Abbot—3C 21   *01626 67494*
Penzance—1C 33   *01736 62207*
Plymouth—2C 29   *01752 264849*
St Ives—3B 24   *01736 796297*
Seaton—2C 23   *01297 21660 / 21689*
Sidmouth—2B 22   *01395 516441*
Somerset Visitor Centre, Sedgemoor Services, East Brent—1D 9   *01934 750833*
Taunton—1C 15   *01823 274785*
Teignmouth—3D 21   *01626 779769*
Tiverton—2D 13   *01884 255827*
Torquay—1D 31   *01803 297428*
Totnes—1C 31   *01803 863168*
Truro—3A 26   *01872 74555*

Devon & Cornwall Regional Atlas 47

Weston-super-Mare—1D 9 01934 626838

OPEN SUMMER SEASON ONLY

Axminster—1C 23   01297 34386
Bovey Tracey—3C 21   01626 832047
Bridgwater—3C 9   01278 427652
Camelford—2D 17   01840 212954
Combe Martin—2D 5   01271 883319
Crediton—3C 13   01363 772006
Looe, East Looe—2A 28   01503 262072
Modbury—2A 30   01548 830159
Okehampton—1D 19   01837 53020
Padstow—3B 16   01841 533449
Salcombe—3B 30   01548 843927 / 842736
Shaldon—3D 21   01626 873723
South Molton—1B 12   01769 574122
Tavistock—3C 19   01822 612938

Tiverton Services, Uffculme—2A 14   01884 821242
Wellington—1B 14   01823 664747
Woolacombe—2C 5   01271 870553

Vineyard

Clawford Vineyard, Clawton—3B 10
Loddiswell Vineyard & Winery—2B 30
Moorlinch Vineyard—3D 9

Wildlife Park

See also Farm Park, Bird Park, Zoo

Combe Martin Wildlife & Dinosaur Park—2A 6
Cricket St Thomas Wildlife Park—3D 15
Dartmoor Wildlife Park, Sparkwell—2D 29

Shaldon Wildlife Trust—3D 21
Tamar Otter Park & Wild Wood, North Petherwin—2A 18

Windmill

Ashton Towermill, Chapel Allerton—1D 9
Stembridge Towermill, High Ham—3D 9

Zoo / Safari Park

See also Bird Garden, Farm Park, Wildlife Park

Newquay Animal World & Water World—1A 26
Paignton Zoo & Botanical Gardens—2C 31
Pixieland Funpark, Kilkhampton—2A 10

Every possible care has been taken to ensure that the information given in this publication is accurate and whilst the publishers would be grateful to learn of any errors, they regret they cannot accept any responsibility for loss thereby caused.

The representation on the maps of a road, track or footpath is no evidence of the existence of a right of way.

The Grid on this map is the National Grid taken from the Ordnance Survey map with the permission of the Controller of Her Majesty's Stationery Office.

Copyright of Geographers' A-Z Map Company Ltd.

No reproduction by any method whatsoever of any part of this publication is permitted without the prior consent of the copyright owners.